LAW&BUSINESS
法商圖書

数据隐私法实务指南

以跨国公司合规为视角

（第五版）

［美］狄乐达◎著
何广越　沈伟伟◎译

法律出版社
LAW PRESS · CHINA
北京

著作权合同登记号
图字：01-2022-6116

中文版序

我来自德国一个拥有 1200 多年历史和不足 5000 居民的小村庄。18 岁时我离开故乡,开始在慕尼黑的德意志银行工作。那时在我眼中,这个拥有 150 万居民的德国第三大城市无疑是大城市。两年后,我前往伦敦的国民西敏寺银行工作。又 4 年后,转到纽约的德国领事馆工作。我又觉得伦敦和纽约是相当庞大的城市了。后来,我入职了在 48 个国家设有 77 个办事处的贝克麦坚时(Baker McKenzie)国际律师事务所,并在工作期间前往世界上的很多其他城市。但直到 2009 年,我第一次到北京参加贝克麦坚时国际律师事务所全球合伙人会议,第一次见到北京一望无边的天际线、宏伟的紫禁城和长城,有幸在当地一所大学做关于开源许可的讲座并得知那里有 2 万多名法科学生和 1500 多位法学教授时,我才真正领教什么叫“大”城市。

2009 年之后,我多次去过香港、上海和其他中国城市。我的上海客户还给我起了一个中文名:狄乐达。我高兴极了,欣然接受。这就好像我那许多在美国加州和德国留学的中国学生会取英文名或德文名一样,这将有益于彼此间的沟通。本书中文版能由法律出版社引介给中文读者,我深感荣幸。感谢中国读者对本书感兴趣,也希望本书能对大家有所助益。我衷心期待与大家共同探索数据和隐私法这片天地。

狄乐达

2023 年 1 月

原著序

世界各地的数据隐私法发生了重大变化。中国《个人信息保护法》于2021年11月1日起正式施行，它成为中国第一部专门针对个人信息保护的法律。欧盟《通用数据保护条例》(General Data Protection Regulation，GDPR)于2018年5月25日生效，它有着更为严格的数据最小化规则，更进一步的管理、技术和组织要求以及高昂罚款。2018年6月，加利福尼亚州制定了《加州消费者隐私权法》(California Consumer Privacy Act，CCPA)，这是一部全新的、极其宽泛、极具针对性的反数据交易法案。该法案最初源于加州公民的表决，随后，它引发了其他各州和联邦层面狂热的立法活动——缅因州和内华达州也随之开始执行本州禁止出售数据的法案。在GDPR的引领下，2018年8月，印度颁布了一部新的数据保护法案，巴西也颁布了其第一部数据保护法。同时，中国将重点放在两方面：一方面是为维护国家安全而采取网络安全监管工作，另一方面是促进人工智能及其他技术创新、社会信用评价、互联网监控等的相关措施。

与此同时，在世界各地的审计和执法活动中，数据保护机构也不断增加。俄罗斯积极阻止企业非法留存数据，并惩戒违反相关数据留存规定的企业。在美国，民事案件原告的律师们基于数据隐私和安全诉求，针对企业和政府提起了大量集团诉讼。

为了与时俱进，作者对本书进行大量更新、补充和修改，以确保实务指南总体方向的基本稳定，并及时反映时代变化。这本书的修订版已经出版了中文、德文、日文和俄文，意大利语、葡萄牙语、西班牙语、土耳其语和越南语的译本还在出版中。

作者感谢对本书前版给予反馈的读者以及提供宝贵建议的所有人士(包括 Bethany Lewis、Ron A. Dolin 博士、Diana Francis、Susan Freiwald 教授、Emmanuel Fua、Sarah Jain、Sebastian Kraska 博士和 Christoph Rittweger 博士)。书中如有错漏,文责由作者本人承担。

20 多年来,我专门从事并讲授国际数据隐私法、商法和知识产权法,拥有德国和美国加州的律师资格。自 1999 年起,我就开始执业于贝克麦坚时国际律师事务所旧金山办公室、帕罗奥多办公室。同年,我获得柏林自由大学法学教授终身职位,并加入德国公法教授协会。我在柏林自由大学(1994 年起)、加州大学伯克利分校法学院(2004 年起)、加州大学哈斯汀分校法学院(2010 年起)、斯坦福大学法学院(2011 年起)和旧金山大学法学院(2000 ~ 2005 年)讲授数据隐私法、计算法学和网络法。撰写了 150 多篇论文、书籍章节,出版了《加州隐私法:实务指南和评述》(2018 年第 3 版)等 5 本书。

欢迎加入这一研究领域并祝学习愉快!

狄乐达

2023 年 1 月

大 纲

目 录

导言

这不是一本浅尝辄止的关于数据隐私法的实务指南,它将带领我们进入一个法律、监管与技术彼此交织且日益繁复的领域。现在,公司法务、律师、隐私保护官、数据开发者、信息安全专员、市场经理、猎头、人力资源专员和其他人士越来越频繁地遇到各类数据隐私和安全问题。尽管关于这类问题已有海量的公开资料,而且其中不少资料可免费获取,但遇到某一具体问题时,想要快速找到解决之道而不迷失于烦琐枝节之中,恐怕依然不易。 0.01

这本书希望对上述问题能够有所助益。它旨在帮助读者鉴别问题、指出实务要点、归纳问题并形成解决方案。如果限于篇幅无法展开论述某问题的答案,它会给出易于查询的关键词,以方便读者查阅外部参考资料。为简明起见,本书有意未采用"蓝皮书"格式*的引注(本书旨在解决实务问题,而非用于在图书馆检索文献)。 0.02

例如,本书附有要点清单,其中列出数据保护的关键合规要求以及如何高效满足这些要求的实务建议。您也会在本书中了解到跨国公司在实务中最有可能遇到的某些法域的具体情况。所选法域是为了说明问题,但肯定无法全面覆盖全世界 190 多个主权国家。一旦找到方向,希望再了解某些国家和情形的相关细节(如是否需要在中国任命数据保护官),可查阅书末所附参考资料,其中包括贝克麦坚时国际律师事务所制作的《全球隐私手册》(可免费获取,2019 年版已覆盖 50 多个国家)。 0.03

---

* "蓝皮书"为《蓝皮书:一种统一引注系统》的俗称。"蓝皮书"为美国法律学术期刊的主流引注格式,以烦琐著称。——译者注

0.04 关于如何使用本书,我的建议是:如果阅读本书是因为需要设计和运行一个新的数据隐私合规项目,您可以从下文介绍的“关键术语”和“关键概念”着手,然后按照本书正文的第一章至第五章来操作;如果只是想快速查阅某个具体问题或解决某项具体任务,还可以试试下面列出的路径(见表1):

表1 数据隐私任务与指引

任务或问题	指引
撰写隐私政策	第三章 3.17~3.34
对数据安全事件做出回应	第五章 通报数据安全事件
购买或销售云计算服务	第五章 云计算,供应商管理 第三章 3.66等
任命数据隐私官	第一章 1.11等
实现跨国数据传输合规	第二章 选择恰当的合规机制
对并购对象、服务商进行尽职调查	第四章 维护和审核合规制度
选用网络或雇员监控工具	第五章 员工数据、员工监控,监听
合法部署网页追踪数据、追踪数据	第五章 广告,追踪
反垃圾邮件法合规	第五章 垃圾通信
开发产品、流程或服务	第五章 设计隐私保护
获得管理层支持	第五章 权利、救济、执法,为何保护数据隐私

关键术语

每个专业领域都会创设特有的术语、缩写、简称和行话，数据隐私法也不例外。为方便读者参考和阅读，本书尽可能少用行话和简称，替代使用日常语言。但是，仍然有 7 个术语贯穿本书始终，希望读者务必了解。这些术语在数据隐私文献中无处不在，因此也是无可回避的。 0.05

个人数据 (personal data)	关于某个人的并可识别其身份的信息，包括身份信息(姓名、护照号码等)和其他数据(照片、电话号码等)。欧洲数据保护法通常覆盖全部类型的个人数据；而大量美国式的数据隐私法规更受局限，仅关注某些尤为敏感的数据类型(如个人健康信息)。	0.06
处理 (processing)	任何关于数据的活动，包括收集、存储、修改、披露及销毁。	0.07
数据主体 (data subject)	数据所关联的个人。	0.08
数据控制者 (data controller)	能决定数据处理目的和方式的企业，如对于雇员数据而言，其雇主就是数据控制者。	0.09
数据处理者 (data processor)	代表数据控制者处理个人数据的企业，如为雇主服务的会计师或人力服务外包商。	0.10

0.11 传输(transfer) 把数据传输给另一机构或传输到另一国家,或者使数据可被另一组织访问或从另一国家访问,如通过互联网远程访问。

0.12 数据隐私法(data privacy law) 旨在保护个人数据主体并使其有能力控制自身信息的法律,包括欧洲式的数据保护法(监管任何个人数据的任何处理方式)及英美法系的隐私法(保护个人不受其他个人、组织和政府打扰的合理预期)。

关于上述术语的更加详细的定义可参见下一部分“关键概念”。

0.13 还有其他一些关键术语,使用起来亦须谨慎。信息技术人员和市场营销人员总是对“云”(the cloud)和“大数据”(big data)这些词颇为兴奋,以至于过度使用这些标签,将其扩张到周边产品上去,而忽视了这些词的负面含义。当“软件即服务”(software-as-a-service)厂商和用户谈到“云”时,他们想到的是计算能力的动态运用、成本下降、全时段技术支持、设备互联、移动性和其他种种好处。“云”的叫法来自技术图表的设计师,他们常用云状图形来指代互联网,即服务器、数据线、卫星线路、路由器、交换机和其他电信设备构成的全球网络。大多数“云”服务商总部位于硅谷,而加州缺雨举世闻名,因此“云”这个词对当地而言自带褒义。然而欧洲雨水丰沛,那边的数据保护官和政客听到“云”时,则容易联想到云山雾罩、漂泊不定,正如“云”中的数据到底位于何地、被何人访问并非一目了然一样。与此类似,当研究人员对“大数据”带来的机遇大感兴奋之时,他们似乎忘了公众对“大”的概念未必有好感,如“大”政府、“大”财团、“大到不能倒”(too big to fail)的银行等。如果要推销某些服务、功能和商机,在抛出这些流行词之前还需三思。

关键概念

作为讨论实务操作之前有益的预备工作，让我们先来考察和回顾一些关键概念和表述。各类缩写和简称在书末亦有总结。

领域：数据保护、数据隐私及数据安全

人们经常将“数据隐私”（data privacy）作为“数据保护”（data protection）的同义词使用，尤其是在对比讨论盎格鲁·撒克逊的数据隐私法和欧洲大陆的数据保护法时。其实，这两个法律术语和概念的来源与目的颇有不同。 0. 14

数据保护：数据保护的目的在于保护与人有关的数据。法律的直接落脚点不在于自然人本身，而是那些关于人的数据。通过保护个人数据，法律意图保护个人（数据主体）不受自动数据处理的侵害。在尝试理解或遵守欧洲数据保护法时，要记住其默认规则是“禁止”。一般而言，除非事先获得数据主体的同意或者找到某个法定豁免事由，否则企业和其他组织不得处理个人数据。欧洲数据保护法的初衷就是限制和减少个人数据的自动处理——哪怕有些数据是公开的。由于担心自动数据处理日渐威胁个人自由，我的老家德国黑森州早在1970年就通过了首部数据保护法。当时民众和政治家都担心乔治·奥威尔预言的“1984”可能会变成现实，“透明人”被无所不知的“老大哥”（政府）监视和控制。近些年来，民众还要担心“小大哥”即私营企业收集海量数据，建立商业数据库。而这些都很容易被政府和罪犯利用。出于这些担心，立法机关决定像监管其他危险活动一样监管自动数据处理。德国黑森州和其 0. 15

他州以及欧洲其他国家的数据保护法都建立了个人数据处理的监管体制,总体上禁止个人数据处理。欧洲式数据保护法有个重要特点,即数据最小化要求:除非获得数据主体的同意或存在其他重大事由,否则企业不得收集、使用和保存个人数据。此外,企业收集的数据量、处理次数、享有数据访问权限的人数以及保存数据的时长,均须最小化。在实践中,借助于欧洲数据保护法给出的豁免情形以及数据主体的同意,很多欧洲公司收集和处理的个人数据并不比世界其他地方的竞争者少。但是,欧洲数据保护法对于个人数据处理和数据库总体上是负面态度。明白这一点对理解和适用欧洲数据保护法很重要。在诸如电子商务、云计算、软件即服务、社交网络等信息驱动领域,大量的美国公司和越来越多的亚洲公司,而非来自欧洲的公司,成为创新先驱和市场领导者,这其中的一个原因恐怕就是欧洲对于个人数据处理的负面态度。

0.16 **数据隐私**:相比而言,美国及欧洲以外其他国家大体上允许数据处理。这类数据隐私法旨在保护个人空间不受侵扰,私密通信不受截取。基于这样的立法关注点,除非在某种情形下存在对隐私的合理预期,否则个人数据一般不会受到法律的保护。企业可以通过在员工手册载明隐私规则、在官方网站上发布隐私声明、在店内张贴安保摄像警示等方式,告知人们其数据收集和处理活动,而这样做常常就可以消除人们对隐私的合理预期。例如,尽管住宅享有法律的保护不得受到侵犯,但个人在住宅之外的通信和活动如公开记录中的信息、在公共场所采集到的信息、公共场所的通话、互联网或社交平台上发表的留言等,仅享有很低的保护水平或不受保护。美国并未颁行一部综合性的数据保护法,而是在联邦和州层面制定了大量仅适用于具体行业或具体威胁的法律,有针对性地解决具体问题,尽量不对信息自由和技术进步造成太多连带性的损害。

0.17 **数据安全**(data security):数据安全法律旨在保护个人不受非法获取个人信息而造成的具体损害,尤其防止身份盗用(如犯罪分子用某人的个人信息申办或消费信用卡的)行为。这类立法的例子有:美国加州的《数据安全事件通报法》(由美国加州于 2002 年首次通过,美国其他多数州和其他很多国家随后纷纷跟进)、详细规定保护健康信息的技术和组织措施的美国《健康保险便携与责任法》(Health Insurance Portability Accountabilty Act,HIPAA)以及要求某些信息在某些情形加密处理的美国各州法(加利福尼亚州、马萨诸塞州、内华达州和纽约州)。通过网络安全法律,世界各地的立法机构正以不同的战略和目标,应对网络对数据安全和隐私的威胁,包括美国要求上市公司向投资者披露安全漏洞和风险,美国根据隐私法和竞争法所具有的共享安全威胁信息的特权,中国要求数据在境内本地存储,以及欧盟试图起草一部法律用以支持网络和信息安全机构规制网络设备制造商的安全认证。

本书将"数据隐私"作为主词:为与主流表达一致,也为简明起见,本书将 0.18
使用"数据隐私"来统一指代数据保护、数据隐私和数据安全,但具体语境中有必要加以区分的情况除外。

法域:欧洲、美国及其他地区

在经济全球化时代,大多数企业需要在不止一个法域内应对数据隐私问 0.19
题。尽管需要解决的问题是全球性的,但企业遵守的各项法律依然仅在各个法域之内有效。通过互联网,企业可以转瞬之间触及 190 多个国家,而每个国家都有自己的法律。单单在美国一个国家内,企业就要面对 50 个州的法律和美国国会通过的联邦法律。中国在数据监管方面采取了截然不同的做法,更为注重国家安全,而不是个人隐私保护。

在欧洲,欧盟《通用数据保护条例》提供了相对统一的框架,该条例已经 0.20
在欧洲经济区成员国施行,阿根廷、巴西、加拿大、印度、以色列、日本、新西兰、俄罗斯、瑞士、泰国、土耳其和乌拉圭等国也参照了该条例。

不仅如此,很多位于欧洲经济区之外的企业——如通过在线服务收集欧洲经济区内消费者的个人信息的企业、通过位于欧洲经济区内的实体收集个人信息的企业，也受制于欧盟《通用数据保护条例》。欧盟《通用数据保护条例》是欧盟数据保护法自 1995 年来的首次重大修订，它在很大程度上强化了德国黑森州于 1970 年首次确立的监管策略，亦即"除非法律明确规定例外情形，否则禁止处理个人数据"。企业必须尽量减少数据收集和保留，并实施一系列技术层面、组织层面和管理层面的措施：

企业必须采取数据最小化、删除和安全措施。

- 企业必须记录所有数据处理活动以及合规措施；企业还必须为特别敏感的数据处理活动开展数据保护影响评估，按预先设定的记录格式记载全部数据处理活动和合规工作，包括记录数据和数据主体类型、处理目的、数据接收人、国际传输及相应保护措施、删除期限、技术和组织的安全措施。

- 企业必须为每个实体任命数据保护官（但一位数据保护官可以照管多个公司和办事处，其前提是每个实体都能联络到这位数据保护官）；此外，位于欧洲经济区之外的企业，一旦在欧洲收集个人数据且不在欧洲营业，就必须指定一个在欧洲经济区内的代表（比如，一家全资子公司或者外包服务提供商）。

- 企业必须向数据主体提供有关个人数据的访问权、可携带权、更正权和擦除权。

- 企业必须向数据主体提供详细的隐私通知，披露数据保护者的身份和联系信息（欧洲经济区外的外国公司还应披露欧洲经济区内的代表人的身份和联系方式）、数据保护官的联系方式、数据处理的目的、处理数据的法律依据、数据处理者或第三方的正当权益（若其为数据处理的正当依据）、数据接收者或者接收者类型；如涉及个人数据的跨国传输，则应披露是否存在欧盟委员会的充分保护判定以及信息安全保护措施，包括如何获取副本的方式及其他种种细节。与此同时，企业必须将这些信息"以简明、透明、可理解、易于读取的形式，用清楚和直白的语言"呈现。

- 企业必须针对特定内容签订正式的数据处理协议。

• 企业必须建立流程确保可在 72 小时内向数据保护机关和数据主体通报数据安全事件。

• 企业必须采取具备法律约束力的公司规则、标准合同条款、行为规范或者其他手段来合法化欧洲经济区之外的数据跨境传输。

除遵守欧盟《通用数据保护条例》外,企业同时还须遵守各国的数据保护法。不同于《欧共体数据保护指令》,欧盟《通用数据保护条例》直接适用于企业,而无须通过国内立法来实施。但是,国内法可能会在某些方面设定额外或更严格的规则;除非经立法者主动废止,否则会持续有效。

欧盟《通用数据保护条例》试图在《欧共体数据保护指令》的基础上进一步为欧洲数据保护法创造更大的统一性。然而,欧盟《通用数据保护条例》包含了 50 多个条款,都需要经过欧洲经济区成员国制定国内法律来实施。大部分欧洲经济区成员国保留或者更新了国内数据保护法,这造成了法律优先适用和统一程度方面的复杂性和不确定性。

欧洲的另一个不确定因素在于英国退出欧盟,而从人口和经济体量上来看,英国又是欧洲最重要的法域之一;因此,英国脱欧可能在欧洲最重要的法域之一引入与欧盟不同的隐私法律。

尽管如此,考虑到欧洲法的统一程度,本书偶尔会使用"'欧洲法'基本原则"这样的说法。不过不要误会,企业除了需要遵守欧盟《通用数据保护条例》外,依然要遵守每个欧洲国家的相关法律,可能还要遵守相关的州、省和其他欧洲国家内部某地区的法律。

本书希望能为读者提供一个适用于所有法域的指引,帮助大家指出一些 0. 21
在全球各地反复出现的关于数据隐私保护方面的主题和风险,以便未雨绸缪。本书在说明问题时使用的例子大多来自欧洲和美国。这是因为欧洲和美国拥有数据保护法律、相关诉讼及行政程序的时间最久,在很多问题上这二者最有代表性。而且,以它们作为范例恰好能说明问题,因为它们经常处于监管模式的两极:欧洲更倾向于给予个人家长式的保护,向企业施加较重的监管负担,包括获得事先批准、申报以及遵守各种形式要求；相反，美国则有意抗拒欧洲式的综合数据监管立法，而是针对个人隐私某些方面的具体威胁，为具体行业量体裁衣地制定法律，这常常会向个人行使隐私保护提供个人诉讼或者集体诉讼的救济权利。一旦了解美国和欧洲在某一问题上的不同做法，常常就可以把其他国家按更接近美国范式或更接近欧洲范式予以归类和梳理。如果需要实施一套全球统一的系统或流程，而您的机构或技术只能提供几个有限的选项，那么选择其中一种范式进行梳理将是一种特别有效的方法。

请注意，本书涉及的是数据隐私法领域最具普遍性且最复杂的问题，以欧洲或美国的法律为例只是提供一种指导。美国的一些州以及欧洲经济区外的一些国家适用不同的法律规则和法律解释，还有很多国家在某些具体问题上尚未立法，其他洲和地区（如亚太地区、拉丁美洲、中东地区和非洲）的法律也缺乏一致性。

种类：个人数据、个人可识别信息及敏感数据

0.22 当法律或合同中出现“个人数据”（personal data）、“个人可识别信息”（personally identifiable information，PII）之类的术语时，我们必须核对这类术语的确切定义，从而确定特定条款的作用范围。在撰写网站隐私声明、通知或合同条款时，既可以选择非常广泛的适用范围，也可以明确设定一个较窄的定义。

0.23 **个人数据**：就欧洲数据保护法而言，关于某个可被识别的自然人的任何信息都是该主体的个人数据。例如，某人的姓名、照片、地址或生日都属于其“个人数据”。某一项数据成为个人数据，并不要求仅仅通过这一项数据即可识别数据的主体；只要这项数据与某个可被识别的自然人以某种有意义的方式存在关联，就可以了。

以办公电话号码为例，可以由不同员工接听的总机号码无法构成“个人数据”，但永久分配给某位员工的分机号码则属于个人数据。另外，如果与其他信息（诸如特定的通话时间）相结合可以确定参与通话的某个自然人，那么此时该总机号码也构成“个人数据”的一部分。如果一个路由器或其他设备的互联网协议（Interworking Protocol，IP）地址能关联到某个用户（如仅有一人居住的家庭地址），那这个 IP 地址就构成个人数据。但是，如果一个 IP 地址仅指向一家大型公司，而无法合理地关联到某个自然人，那它就不能成为个人数据。关于 IP 地址和电话号码是否构成个人数据的问题，学者乃至律师都已激辩多年，不过仔细考虑一下就会发现，这个问题对企业来说无关紧要，如果企业处理的某些数据可以关联到具体的个人，那么就不得不做出选择：要么把所有的数据都当作个人数据对待，要么将全部数据区分为个人数据和非个人数据。然而，区分往往行不通或者成本过于高昂。举例来说，如果通过网页追踪数据（cookies）技术分析网站访问者的行为，在此过程中记录访问者的 IP 地址，那就不可避免会采集到一些能关联到具体个人的 IP 地址，就算其他绝大多数 IP 地址不归数据隐私法管，也不影响这种行为落入数据隐私法的管辖范围。 0. 24

经过删节或汇聚后已无法关联到具体个人的数据，则不再属于“个人数据”。不过，加密或部分删节未必就能达到上述目的，只要有人掌握了密匙，就能重新识别出数据主体。因此，在大多数时候，加密后的数据仍然需要被当作数据保护法下的“个人数据”来对待。另外，真正的信息汇聚可以让数据不再受制于数据保护法。例如，随机抽选 1000 名用户，提取其影视租赁习惯的信息，然后将这些信息整合浓缩为统计信息（不再是每人的单个信息），在这种情况下获得的汇聚信息（如 20% 的影视租赁者每月观看时间少于 20 小时）就不属于“个人数据”（尽管有关个人观看习惯的原始数据依然是个人数据）。 0. 25

从理论上来说，我们可以删节能关联到具体某个自然人的数据，如去掉姓名和其他可识别点；但在实践中，这种操作常常很困难。而且若删节后的数据依然包含某些可以还原删节过程(如地址、生日、出生地等)的信息,那么该删节后的数据仍然属于欧洲数据保护法下的“个人数据”。可还原的删节也称作“假名化”(pseudonymization)。如此操作不能使数据脱离欧洲数据保护法的范围,但这种过程被认为是保护数据安全的正当措施。

0.26 **个人可识别信息**:与欧洲法下“个人数据”的宽泛概念相对应,其他很多国家使用的术语略有不同,且定义更为狭窄。例如,美国加州民法典在很多章节中出现“个人可识别数据”一词,每一次出现都根据相关章节的语境和目的给予特定的定义,且范围限定得很窄。美国加州的其他法律、美国的联邦法和美国其他州的法律关于个人可识别信息的定义也各不相同。从大体上来说,美国法律体系中的个人可识别信息常常仅覆盖尤为敏感的个人信息(如信用卡号、社会保障号等)。与此同时,美国《加州消费者隐私权法》引入了一个新的个人信息概念,它甚至比欧盟《通用数据保护条例》的规定还要宽泛,并涵盖了家庭和设备的信息。

0.27 **敏感数据**(sensitive data):大多数法域及其法律对某些类别的个人数据施以更高的标准。各法域关注的数据类别及背后的原因往往有所不同。例如,美国法尤重保护个人的社会保障号和信用卡信息,这是因为美国银行和商家的验证程序不严格,消费者面临较高的身份被盗用风险。而在欧洲,个人身份被盗用的问题要小一些。不过按照欧洲法律,一般来说关于下列个人信息的特别限制需要引起注意:

- 政治主张;
- 工会成员身份;
- 医疗或健康状况(如员工病假天数、处方、临床试验数据——即使这些数据以不含人名的序列号存储);
- 种族和民族(如出生地、显示肤色的照片);
- 宗教或哲学信仰(如工资系统中的德国教会纳税身份);
- 性取向信息(如在不承认同性婚姻的法域中的婚姻情况);

- 某些类型的犯罪记录。

欧洲法关于敏感数据保护的例外非常有限，雇主仅可在法律明确要求时收集、处理雇员的敏感数据。但是，如果企业想把员工的任何敏感数据转移到欧洲经济区外，则需要获得数据主体的明示同意（参见第二章）。 0.28

不同国家的法律之间可能存在冲突。例如，一家公司在美国参加诉讼或接受政府调查时，可能被要求提交某些敏感数据，但欧洲法则不允许他这么做。但是，通过仔细研究，我们仍然可以避免很多表面上的冲突。例如，美国的出口合规项目要求公司收集能够接触出口管制技术的外国员工的国籍和居住地信息，但其种族或民族信息（属于欧洲法下的“敏感数据”）通常不在信息收集的范围之内。 0.29

美国和其他法域的法律也会根据具体情境区分不同类型的个人数据。在这方面，除了显而易见的常识之外各国法律几乎没有相通之处。因此，企业必须逐一在每个相关法域中审视其数据收集的做法。 0.30

相关行为：数据传输及其他数据处理行为

欧洲数据保护法监管个人数据的任何处理，且“处理”的定义十分宽泛，包括任何关于个人数据的活动。处理包括以手动或自动方式，对数据进行收集、记录、组织、结构化、存储、转换或修改、读取、查询、使用、披露（传输、散播或以其他方式提供）、组合、结合、限制、擦除或销毁。即使是删节个人数据（将其匿名化）的行为，在欧洲法下也被视为属于处理个人数据的行为，并触发大体相同的禁止性要求和数据最小化要求。 0.31

但是，美国和其他国家的法律更倾向于约束具体的数据处理行为。在大多数法域中，民众以及数据隐私法对数据传输这种形式的数据处理尤为敏感。一家公司通过电子邮件、邮件或其他方式把数据发给另一公司或发往另一国家的行为，以及其他公司或其他国家的某个人通过互联网或其他技术手段远 0.32

程访问数据的行为,都属于数据传输。可见,如果公司上传员工通讯录供全球所有员工访问,相当于把数据传输到所有能访问这些数据的法域。如果将信息上传到互联网,就相当于把信息传到世界每一个角落。因此,就“传输”这个词的最广义而言,每一次允许他人访问数据,无论采取何种技术手段或处于何种商业情景,都属于“传输”。

0.33 不过,仅就概念而言,相比于在机构内部转移数据的形式,把数据转移给服务商(数据处理者——最常见的是提供“基础设施即服务”的母公司,也包括提供薪酬处理、互联网接入、现场安保服务的非关联第三方)存在一个重要区别。一般来说,企业与数据处理者之间的数据共享情况,无须在企业的隐私通知或政府申报文件中详细载明,且数据主体对此也无选择权。当然,为了保险起见,每次向第三方提供数据应当尽可能地谨慎,考虑数据隐私法是否对此有所限制。但应该记住,相比于将数据传输给数据控制者(出于自身目的使用数据的第三方)的形式,将数据传输给仅作为数据处理者的第三方这种行为受到的限制往往少一些。这种区别的原因在于,对数据主体而言重要的是,受委托处理其个人数据的公司应当始终对其负责,且任何代表该公司的自然人,无论其是否为公司员工,都须遵守该公司的所有隐私承诺和相关法律。“公司”是法律拟制的实体,只有通过员工、承包人或机构服务商的员工才能行事。至于公司具体选用哪些自然人——员工也好,承包人也罢,甚至其他受托组织和转包组织的员工来从事具体的数据处理工作,一般并不影响数据主体的隐私权益。因此,企业一般可以把个人数据分享给服务商(不论其是自然人或机构),无须告知数据主体或获其同意,但是企业应与服务商签订书面数据处理合同,明确限制服务商对数据用途的决策权。

监管对象:数据控制者、数据处理者

0.34 欧洲数据保护法区分“数据控制者”(data controllers,为其自身目的、以自行决策的方式使用数据的主体)和“数据处理者”(data processors,仅作为服务提供方代表数据控制者处理数据的主体)。数据控制者对遵守数据隐私法律负主要义务。数据处理者使用数据有义务遵行数据控制者的指示,不超越指示范围,且应保证数据安全。很多法律和隐私声明也把数据处理者称作“代理人”或“服务商”。一家公司的某些活动(如处理员工和客户关系信息)可能被认为是由数据控制者做出的,而其他活动(如协助子公司发放员工薪酬、协助客户进行计算机维护)则被认为是由数据处理者做出的。

尽管有些数据服务商持有数据的物理载体并拥有接触数据的技术手段, 0. 35
但是无论在任何情况下,访问这些数据都是一种不被允许、不被期待的行为。这些服务商自称“数据管理者”或仅为“传输通道”,以避免承担数据隐私法下的任何直接义务。关于这类服务商的具体情况,让我们来看两个具有说服力的例子。例如,我们不允许也不希望电信公司知晓其系统所传输信息的具体内容,如是否为个人的健康信息或其他信息。又如,对主机代管商(将安全箱体出租给客户公司供其存放服务器的企业)和其他传统场地出租方来说,尽管他们通常对计算机系统享有物理接触权,但是却鲜有权限或无权访问数据(有时,在灾难恢复、互联网接入和故障解决方案的情况下,他们才会有权访问数据)。立法机关极少在数据隐私法中为数据管理人或传输通道设立豁免。出于以防万一的考虑,客户一般会坚持要求服务商按高标准做出承诺;否则一旦服务商被认定为数据处理者、商业伙伴或类似关系,就有可能给客户自身的数据隐私法律合规努力带来不利影响。

守门人:数据保护机关、数据保护官

欧洲国家已经设立独立的政府机关负责执行各自国家的数据保护法。这 0. 36
些机关被称作“监管机构”、“信息委员会”以及在本书中屡次提到的“数据保护机构”。它们的代表汇集于“欧洲数据保护委员会”(European Data

Protection Board,EDPB)。欧洲数据保护委员会为企业和立法部门提供相关指南,这对企业很有价值,因为数据保护机关掌握对企业的执法权。

0.37 在大多数欧洲法域和一些其他法域,企业必须任命数据保护官(或者,也许是作为向数据保护机关做报告的替代方案,而选择任命数据保护官)。数据保护官可以由企业员工或外部服务商担任,其职责是监督企业是否遵守数据保护法。虽然数据保护官并非政府官员,但他们必须与当地的数据保护机关合作,并向其报告企业严重违反数据保护法的行为。与此类似,欧洲和其他地方的政府机关(包括 2014 年 2 月以后的美国国家安全局)内部也任命了各自的数据保护官,负责监督其所在政府机关遵守数据保护法的情况。不论在政府机关内,还是在私营企业内,数据保护官都是内部角色,监督其所在组织的守法情况。因此,数据保护官和数据保护机关有所不同,后者的任务是监督其他组织的守法情况。

在没有专设数据保护机关的美国和其他一些国家,数据保护法由消费者保护机关(如美国联邦贸易委员会)和其他机关(如美国各州检察长)执行。除了欧洲,很少有国家要求自动数据处理行为应事先发布通知或获得批准。

阅读及使用提示

如果企业尚无正式的数据隐私合规制度，那么你可以从第一章读起，逐步起草任务清单，然后阅读或者跳过讨论跨国数据传输的第二章（取决于企业的涉外程度），最后参考第三章准备文件材料并执行任务清单。

如果你要接手或者审计已有的数据隐私合规制度，那么就先看第四章，然后回过头来再阅读第一章至第三章。

如果你只是想快速找到关于某个具体问题的答案，那么可以查阅第五章知识库中的内容。限于篇幅，本书无法对所有细节问题提供详尽答案，但希望能厘清背景，提供解决问题、完成任务和获取更多信息的操作方向和建议。

第一章　创建数据保护合规制度

着手设计和执行数据隐私合规制度前,需要先行决断下列预备性事项: 1.01

➢ 指定某人或某团队负责数据隐私法律合规;

➢ 准备任务清单,明确相关事实、法律和要求;

➢ 基于商业目标、执法风险和合规难度确定任务优先级;

➢ 执行任务清单;

➢ 与内部利害相关部门(internal stakeholders)和外部顾问协作。

1.1　负责人

事情总得有人负责做。个体户就只能自己干,但是在大企业里面,一般来说会有几个人选或部门——如法务部、信息技术部、人力资源部和内审部——可以负责数据隐私合规。每个群体可能都有不同的做事方法、强项和弱项。寻找适合的人员或团队时,需要考虑下列因素: 1.02

➢ 公司法务部的内部律师通常担任提供咨询的角色,他们让其他部门了解包括数据隐私法在内的各种法律规定。取决于公司文化和个人风格,有的法务会主动提供服务,有的则不问不理。律师擅长解释和适用包括数据隐私法在内的各种法律,但并非所有律师都懂技术或能做好项目管理。 1.03

➢ 信息技术(internet technology,IT)部的员工懂技术,但他们在理解和适用法律方面的能力就差一些。信息技术专家擅长部署和维护其他部门(人力部、销售部、市场部、制作部等)用来处理个人数据的设备、软件和服务。信息 1.04

技术部通过提供技术,协助其他部门实现商业目标。他们通常设立和执行技术手段(通过部署数据安全措施)保护个人数据不受非法访问,但一般不会决定哪些人有访问权,或者决断法律合规事项。

1.05 ➢ 有些企业设有独立的内部审核部门(内审部或内控部)负责监督和确保法律及企业内部规程的执行。这类内审部重在核查企业内部对法律规则和现有的合规制度的遵守情况,但是内审人员一般并不制定规则。如果同一个人既制定规则又监督规则的执行,那么这就失去了制衡。此外,内审人员进行调查时,其违反数据隐私法的风险尤其高。调查者往往想要搜索邮箱、计算机和文件,询问第三方的可疑行为,偶尔还会在没有事先通知数据主体的情况下监听通话和其他通信内容。毕竟打铁必须自身硬,有些企业觉得让内审人员设计隐私合规制度不太妥当。

1.06 ➢ 还有另一种方案:从企业内的数据使用部门如人力资源部、市场营销部中任命人选。对于开发和销售信息技术产品的企业来说,数据隐私不仅是合规问题,还是业务需求。例如,云计算服务商、企业软件和数据存储服务商越来越多地在产品研发过程中开始关注数据隐私法,以确保客户使用该产品不会违反相关法律[参见第五章中"隐私默认设计"(privacy by design)条目]。隐私保护能否成为技术服务商的竞争优势,这在很大程度上取决于其客户群体:大型企业客户倾向于非常关注产品的总体合规情况;与之相反,普通消费者和小型企业客户可能会关注某些具体功能(如智能手机和网络存储的点对点加密),他们宁愿承担一些数据隐私风险而选择"免费"服务或者便利。

1.07 ➢ 在多数大型企业中,负责数据隐私合规的人员一般来自上述某个专业部门或领域。那些规模更大并因此面临隐私法的风险也更大的企业,可能会设立专门的部门。而对于小型企业来说,可能用某位员工的部分工作时间处理隐私合规就够了。如果公司设有法务部,法务律师通常会参与数据隐私合规,且常常占主导地位。但是,数据隐私合规的理想人选并不一定非是律师,尤其是当公司把数据隐私更多地看作一种业务机会时,可以考虑任命其他部门的人员负责此项业务。

1.2 与内部利害相关部门和外部顾问协作

内部利害相关部门。为了从企业内部利害相关部门获得充足的资源和支持,必须要回答他们的疑问:数据隐私和安全制度为什么重要?对某些企业来说,合规只是为了风险管理和避免担责。但另外一些企业还关心潜在的声誉影响,他们把隐私合规当作竞争优势。对某企业而言(如数据存储提供商和软件服务提供商),数据隐私和安全合规是销售产品和提供服务的关键条件之一。在企业内启动某项合规制度时,用问答体准备一份简短的情况说明能有效提升企业内关键利益相关部门的意识并争取其支持。本书第五章中"为何保护数据隐私"条目还有一些对"为什么"这个大问题的讨论。 1.08

外部顾问。对于本土法域之外的法律规定,大多数企业会向外部律师寻求意见。一般来说,企业不熟悉域外法律的形式和语言,仅凭自身要搞清合规形式义务和实质义务的准确性质和细节太费时费力了。本书讨论了一些普遍适用的隐私法基本原则以及这些原则在不同法域的主要区别。但是,各国具体的形式或实质合规义务不在本书范围之内。 1.09

很多企业在与外部顾问就合规事项合作时都会面临一项特定挑战:熟知某领域风险和罚则的专家(数据安全顾问、技术服务商、某法域的外部律师等)往往会把各自领域内的风险评估得偏大。但是,企业通常预算有限,无法在同一时间以同等注意力来对待所有领域的问题。因此,企业必须要把问题和风险分出轻重缓急。如果聘请的外部顾问是一个协同工作的跨国团队,那么这个团队或许可以把他们提供咨询的多个领域划分出优先级。但即便是跨国团队也并非能力无限,不能指望他们考虑到所有成就或毁灭一家企业的根本因素如怎样确保运营连续性、保障营收充分增长和资金来源等。另外,如果 1.10

聘请的顾问是一些专攻各自领域的个人而非彼此协作的团队,那这些顾问基本无法在区分不同领域各类问题优先级方面提供帮助,因为对于特定风险或当地法律规定在具体情况下的重要性,个人顾问往往要么过度强调,要么重视不够。为了降低这种偏差,我的建议是不仅要向外部顾问咨询实质上和形式上的纸面规定,还要让顾问说明实务中的执行情况。例如,可以提出如下问题:某项规定在实践中是被严格遵守,还是形同虚设?对于某个问题,监管部门和利害主体是否常常吹毛求疵?在某项要求方面,其他企业曾遭遇过哪些风险和问题?这些问题的答案可以帮助全面了解情况,分出任务的轻重缓急。

1.3 任命隐私官

1.11 负责设计和执行数据隐私合规制度的人员有时被称为"数据保护官"(data protection officer)或"首席隐私官"(chief privacy officer)。事实上,这些头衔之下的实际功能可能在性质上颇为不同,企业应该认真考虑需要其中哪一种功能,或者两种都需要。

1.12 跨国企业任命数据保护官的关键原因之一是在德国设有法律实体。多数跨国企业把德国看作重要市场。根据德国数据保护法,从 20 世纪 70 年代起,企业就负有法定义务任命数据保护官,作为政府数据保护机关监管职能的延续和补充。德国是首个引入数据保护官概念的国家,旨在通过企业自我任命的隐私保护者来推进企业的自我监督。

1.13 与德国不同,包括法国在内的其他较早通过数据保护法的法域采取的管理方式是,要求企业对特定数据隐私事务向政府通报或者获得政府批准。荷兰、挪威、瑞士和瑞典则采取了中间路线,允许企业通过任命数据保护官代替一部分提交给数据隐私机关的实质性申报。根据欧盟《通用数据保护条例》,欧洲经济区成员国如果涉足特别敏感的数据处理(包括系统化监控数据主体或大规模集中处理特殊类型的个人数据),则必须指定数据保护官。关联公司集团可以任命一位数据保护官负责集团内几家或全部实体的数据保护事宜,但应当以这些分散在各地的实体都能联络到这位数据保护官为前提。

有些企业按照德国规定任命当地数据保护官之后,就把这个合规模式套用到所有法域。由于德国的数据隐私法规往往最严格完善,这么做可以确保符合欧盟《通用数据保护条例》和其他国家的规定,不过这么做并不是法律的强制要求。

有些国家的法律不要求、不鼓励、甚至压根没有提及任命数据保护人员。1. 14
即便如此,还是有不少公司自愿任命数据保护官或隐私合规人员。此外,很多大型美国公司设有首席隐私官一职,常常还有专门负责数据隐私法律合规的合规人员、内审人员和法律专家。细说起来,这些职位的目的、角色和职责各有不同,也理应各有侧重。考虑设立负责某些特定法域或全球的类似职位时,不妨把欧盟《通用数据保护条例》模式下的数据保护官角色作为决策过程中的参照系,思考哪些方面可以参照使用,哪些不使用。

任命数据保护官的要求。根据欧盟《通用数据保护条例》,如果企业对大 1. 15
规模的数据主体进行定期和系统的监控,或者其核心业务之一是处理特别敏感的信息,例如披露种族、民族血统、政治观点、宗教或哲学信仰、工会会籍、性取向或健康信息等个人数据,则该企业必须指定一名数据保护官。德国法律规定得更加严格,根据德国法律,企业一般需要在业务开展前一个月内书面任命一位数据保护官。这项规则也有一些例外,如不处理敏感数据且员工少于10 人的企业无须任命数据保护官。

➢ **资质要求**。依据德国法,首先,数据保护官的候选人必须具备数据保 1. 16
护法规、信息技术和公司运营方面的经验、知识或训练。其次,候选人必须可靠,且不得与数据保护工作存在利益冲突(这一项要求通常排除了企业主管、高管以及对数据收集和使用有强烈倾向的员工——如营销经理和人力经理担任数据保护官的可能性)。最后,企业必须为数据保护官能够履行法定义务提供保障,这要求企业为数据保护官提供信息和培训,减少数据保护官的其他工作职责(以保障其在数据保护方面的工作时间)。很多企业任命法务部、信息技术部和人力资源部的非管理人员担任数据保护官,另外一些企业则外聘数据保护服务。

1.17 ➢ **外部人选与内部人选的对比**。企业既可以任命自己的员工担任数据保护官,也可以外聘数据保护官,这两种方式各有利弊。德国劳动法在员工辞退方面有诸多限制,若某员工被选任为企业的数据保护官,那么辞退该员工将在原有基础上变得更加困难。相比之下,根据相关服务合同条款解聘外部的数据保护官会容易一些。选用内部员工担任数据保护官可以确保所有相关信息留在公司内部和保密,而外聘则意味着把公司的系统、流程、安全措施和数据开放给外人。内部数据保护官往往对实际操作、流程和问题更加熟悉,也更容易了解员工顾虑和安全弱点方面的信息;外部数据保护官可能对行业标准的掌握更为扎实,比非全职负责数据保护的内部数据保护官更有经验、更加专业(外部数据保护官的专业化使其能专攻数据保护法和信息技术的最新进展)。此外,成本和响应次数亦在企业的考量之内:有的外部服务者按小时计费(这种计费方式能激励数据保护官积极行动和响应咨询,但公司也更难控制成本),有的收取固定的月费或年费(这种计费方式通常会导致响应速度变慢,如果有些项目必须要先行咨询数据官才能执行,那么项目进度就会因此被拖慢)。对于内部数据保护官,公司还必须要考虑其履行这项数据保护职责所要占用的时间以及履行该职责对其他工作职能的影响。

1.18 一家在德国拥有许多公司的跨国集团企业,可以从其德国境外的某关联公司或德国境内的子公司甲中任命一名员工,担任其德国境内另一子公司乙的数据保护官。此时,依据德国数据保护法的规定,该数据保护官被视为公司乙的“外部”数据保护官,从而避免公司乙在劳动法上的麻烦。有些德国数据保护机关不太认可任命非常驻德国的人员担任企业的数据保护官,理由是这样的人不能充分履行其法定职责。但是,德国法律并未严格要求必须任命本土员工担任数据保护官。如果企业总部和数据中心在德国境外,从而使境外人员更接近企业的区域系统或全球系统,那么选任境外人员担任企业的数据保护官就存在正当的理由。当有法定任命要求时,跨国企业会更倾向于任命同一人担任其全部法域的数据保护官,这样能更高效地评估跨国项目,也能避免冲突的意见和需求。有些法域要求对数据保护官的任命必须向数据保护机关报告,如果企业要指定非常驻德国人员担任数据保护官,就必须要为回应当局质疑做好准备。不过,只要企业能给出运营上的充分理由,大多数时候还是能说服当局的。欧盟《通用数据保护条例》明确允许企业集团任命单一的数据保护官,只要集团任何下属公司都能很方便地联络到这位数据保护官即可。

➢ **任命形式**。根据德国法,企业必须书面任命数据保护官。根据欧盟《通 1.19
用数据保护条例》,企业必须公开发布数据保护官的联络方式,并告知数据保护机关。企业会倾向于采用通用名称作为联系方式(如 dataprotectionofficer@company. com),以避免每次数据保护官换人之后还要更新隐私通知。企业还可以给任命加上有效期,只要期限不会短到影响其任职的独立性即可。一般两年到五年的任期是合理的。有些德国公司设有工人委员会(劳动集体代表),如果劳动合同涉及指定某员工担任内部数据保护官,那么工人委员会对该合同的变更享有共同决定权。

➢ **职责**。数据保护官负责监督企业是否遵守相关数据保护法,并记录企 1.20
业的数据处理活动。企业要就其处理数据的活动和任何关于改变数据处理方式的企划咨询数据保护官。数据保护官应酌情提出适当的建议、提醒或表示担忧,但形式上无权作出正式的批准。如果企业知晓数据保护官的担忧后并未采取改善行动,数据保护官有权利(有时甚至有义务)向数据保护机关举报。数据保护官独立行事,不受制于企业管理层的指示。数据保护官的日常工作包括:协助记录数据处理流程,评估和完善数据保护和安全规程,建议、遴选和实施技术安全措施,起草用于数据保护的文书和合同,筛选参与处理个人数据的员工、服务商和其他第三方,监督数据隐私、安全措施以及数据处理程序的正当使用,处理数据保护和违法违规的投诉,员工培训,准备和维护提交给数据保护机关的报告材料。

1.21 ➢ **个人法律责任**。选任某位员工作为数据保护官的候选人时,我们要了解作为内部数据保护官的个人法律责任问题。简单来说,任何员工都可能因不当行为、违法行为和侵权行为而承担责任。对于大多数候选人来说,负责其他工作存在的法律风险并不比作为数据保护官伴随的法律风险更低。德国数据保护法并未具体规定数据保护官的个人法律责任。但根据更加上位的法律规定,如果代表公司的自然人实施了某项违法行为或者负有责任避免某项不作为,那么他(她)就可能对该违法行为或不作为承担责任。因此,数据保护官如果直接涉入非法数据处理活动(如未经数据主体同意或法院命令对通话进行录音),那么他(她)就要承担法律责任。理论上,数据保护官即使并未直接实施非法活动,而是未能制止非法活动,也有可能担责。不过,员工因不作为而担责的情形较为罕见。

1.22 **其他法域下的强制任命或有益任命**。一般来说,根据德国法任命数据保护官同时让其负责其他法域的数据保护工作,符合欧盟《通用数据保护条例》的要求以及那些已设定数据保护官职位的其他国家——如法国、荷兰、挪威、瑞士和瑞典——的国内法要求;只不过,在法国等国家,企业可能还需把任命报告提交给国内数据保护机关。不过,除非正式任命数据保护官能够免除法律对企业规定的一些实质要求,否则没有必要这么做。例如,法国法虽然规定了数据保护官的权利和义务,但并不强制要求跨国企业任命数据保护官,即便跨国企业做出这种任命,也没有好处;因此,大多数企业在法国不正式任命数据保护官。但荷兰、挪威、瑞士、瑞典和其他一些法域则鼓励企业任命数据隐私官,如果企业做出这种任命,则无须就某些事项进行申报;因此,在这些法域设有法律实体的企业倾向于任命数据保护官。如果法律有强制任命的规定,一些公司会为数个或全部法域的实体任命同一人担任数据保护官。欧盟《通用数据保护条例》明确允许这么做,而且这种方式对使用全球系统和流程的公司尤其有益,因为由一个人统一管理数据保护的方式效率最高。

自愿、非正式任命。除了为满足法定形式要求而任命数据保护官外，大型企业也会为各地数据隐私合规和其他合规工作人员建立沟通网络，便于本地专业人员协同实施和监督合规制度，提高运营效率。此外，很多企业自愿任命“全球隐私官”或“首席隐私官”，以此对内对外显示其认真对待隐私合规的态度。安排专岗负责和协调隐私合规工作对企业来说也有实际的好处，因为隐私问题涉及信息技术部、人力资源部、保安部、法务部、财务部和销售部等很多部门。 1.23

在某些法域，由于法律并未规定数据保护官职责的定义（如美国法律就没有关于这类职责的规定，但《健康保险便携与责任法》即 HIPAA 例外），所以企业在非正式、自愿地任命数据保护官时常常需要面对一个很重要的问题，即企业需要在书面备忘录或与隐私官的协议中详细写明隐私官的权利和职责，尤其要写清楚企业所期望的隐私官的职责：是保护个人隐私，还是维护公司利益？是提供建议，还是制定决策？是被动回应问题，还是主动采取行动？此外，隐私官是否要协调、支持、指导或监督有复合型职责的同事（如合规人员、内审人员、隐私法务律师及信息技术部、安保部、市场营销部、人力资源部的人员）？企业必须决定并记载设置隐私官职位的目标和预期：首席隐私官究竟是数据隐私问题的顾问和管理者，还是企业数据合规利益的统筹和守卫士？对此，每个企业都应该找到自己的定位，并用书面形式写清数据保护官的职责和任务，这样被任命的人员才能清晰理解该职位的权利、义务和预期。如果职责没有写清楚，那么现实与预期的不一致很可能导致令人不快的冲突。例如，如果某美国公司的全球隐私官将自己的职责理解成与德国数据保护官一样独立，主要承担公共职能，那么他可能很快就会把发现的问题报告给美国政府机关了。又如，如果某个法务部成员被任命为“首席隐私官”后，将其以往法务律师的办事方式转变为偏重管理职能的工作方式，那么在某些情况下，这可能会损害律师与客户之间的保密特权。在自愿任命隐私官之前，企业要考虑方方面面的利弊,然后把需要的数据隐私官的职责详细记载下来,这样才能增加获得预期效果的概率,同时降低发生不利后果和冲突的风险。

指定代表

1.24 在数据保护官员和隐私官员之外,如果欧洲经济区以外的公司处理欧盟居民的个人数据,并且它未在欧盟设立机构(如分支机构、代表处或其他非法人机构——多数公司出于避税目的而为之),则需要根据欧盟《通用数据保护条例》,在欧洲经济区指定一名代表。根据这一要求,欧盟希望增加数据保护机构接触和制裁外国公司的机会。指定代表可以是个人或法人实体,在很大程度上并不会积极主动干预:指定代表应在隐私通知中确定,可以由监管机构和数据主体处理所有与数据处理相关的问题,指定代表非欧盟公司履行欧盟《通用数据保护条例》所规定的义务。在执行职务方面,指定代表应保存非欧盟公司的处理活动记录(该公司必须准备并提供此类记录)。当被要求之时,指定代表应与数据保护机构"合作"。跨国公司应考虑在一个对商业友好的欧盟成员国,设立一家全资子公司,该子公司可以运营区域总部、服务器、数据处理人员以及为其所有欧盟子公司指定的数据保护官员。通过创建一个关于数据处理和保护活动的重心,跨国集团可以将欧盟的一个子公司定位为欧盟《通用数据保护条例》合规目的、代表整个集团的"主要机构",以便有资格享受"一站式"待遇以及欧盟数据保护机构对整个跨国集团的唯一管辖权。

具体措施

1.25 ➢ 确认在哪些法域必须任命数据保护官以满足法定要求。考虑内部人员与外部人选的利弊、本地任命与跨地区任命或全球任命的利弊。

1.26 ➢ 在法律未强制要求任命数据保护官的法域,要考虑如何最优化地实现和保持企业合规;确认在这种情况下自愿任命首席隐私官和本地专门人员是否有所帮助?如是,则需仔细记载岗位内容、职能和责任,并且考虑该岗位与类似或重合职能如法务、信息技术、人力资源和市场营销之间的关系。

1.4　准备任务清单

一旦确定了负责人，下一步就要准备任务清单并记录执行状况和重点。1. 27
建立任务清单并监督其执行有助于把握重点、做好规划（预算和目标）、管理复杂情况（如涉及多法域和多种数据库的情况）以及妥善完成项目执行的交接。借助任务清单，我们可以随时掌握形式合规要求（如通知、申报、任命隐私官、数据传输协议等）和实质任务（如执行访问控制、部署加密技术、更换服务商等）。

例如，一家拥有诸多海外子公司的美国企业的数据合规初始任务清单上，1. 28
可能会列出如下事项，并在补充栏目列出状态、待办事项和业务负责人（见表 2）：

表 2　数据合规初始任务清单示例

序号	数据隐私合规法律任务	目的
1	设定全球数据隐私官的职责和任命文件；如有特别法律（如德国法律）规定，任命当地数据保护官	管理风险，满足合规义务
2	了解各国政府关于数据隐私保护的申报（通报、申请批准）规定，准备并提交申报材料	满足各法域的合规义务
3	盘点、准备数据库和数据流的记录	为通知、协议、申报打基础；满足记录保留规定
4	基于欧盟标准合同条款和其他使跨国数据传输合法化的措施（包括欧盟—美国隐私盾注册、集团企业规则和行为准则），准备和实施集团内的数据传输协议	克服跨国数据传输的法律限制
5	审阅、修改、翻译发送给消费者、企业客户代表和业务伙伴的隐私政策和通知	满足通知和同意要求

续表

序号	数据隐私合规法律任务	目的
6	审阅并准备发送给员工的员工数据处理通知,包括: ➢ 全球人力资源信息系统 ➢ 监控工具(如反垃圾邮件、防病毒、网络浏览保护、数据丢失防护、防火墙)和调查 ➢ 举报热线 ➢ 工资、服务、股票期权	符合通知要求
7	审阅并准备与包括服务商、客户、中间商(分销商、广告公司销售代表)等业务伙伴所签协议中关于分享和处理数据的标准模板、标准数据传输合同(集团内或第三方)、集团内规程、数据处理协议和引导规程	满足数据处理的法律义务,把数据作为资产保护,降低未授权访问或破解的风险等
8	针对数据访问、数据保留、信息安全、事件响应和来自执法机关、监管部门、民事诉讼当事人等的信息披露要求等事项,审阅并制定企业内部规程和流程	满足合规义务,保护消费者和员工隐私
9	执行全球范围或各法域的加入和退出流程和数据安全违规通知	满足各法域的合规义务
10	行为培训、审核	管理风险,满足合规义务

1.29 在制定任务清单之前,首先必须了解企业掌握哪些数据、适用哪些法域的法律、这些法律对数据隐私合规有哪些具体的要求以及(在法律提供了几种选项或者因企业资源有限必须分清任务之轻重缓急的情况下)如何能最优化地满足这些要求。本书的后续章节会讨论典型的法律要求和任务,读者可以一边阅读一边起草数据隐私保护任务清单。

1.30 对于大型跨国机构或任何跨国企业来说,找出并分析所有适用的法律和法律要求听起来好像是一个无法完成的任务:当我们好不容易把现有的数据库、使用方式、传输流程和适用法律盘点清楚时,企业可能已经换掉了几套系统,收购或剥离了几类业务,扩张到了新的法域,找到了商业利用数据的新方法,甚至连数据隐私法都出台了新的规定。由于数据隐私法和信息技术的快速演进，设计和实施数据隐私合规制度最有效的方法往往是分阶段进行。在设计和执行阶段，集中关注高风险的法律要求和易处理的问题。在设计整个制度的时候就可以先把重点任务做起来。用一张清单列出企业和同行竞争者已经尝试在满足的规定以及那些已经过执法的规定。一旦确认了高风险领域中的合规缺陷，应立刻采取行动。在这之后，把其他任务添加到清单上并标注优先级。那些一开始就想把所有法律规定都搞清楚的企业，往往会觉得这项挑战过于繁重，最后不得不不了了之。此时，“追求完美”反而成了解决问题的敌人。

准备任务清单时，要注意以下事项： 1.31

盘点数据。第一步，请考虑企业使用哪些个人数据。最起码，我们应该整理一份企业关键数据库基本信息的摘要，包括数据类型（填入的数据字段）、主要目的（如人力资源信息系统、客户关系管理、邮件服务器）、服务器所在地和有权读取的人员（员工、部门和第三方服务商）。如果企业涉及跨国经营，那么还需要知道所有子公司的名称、地址和员工人数。对于小中型企业来说，可能用不了几个小时就能整理好这样的摘要：我们可以去找信息技术部门，打开数据库的各种软件界面，截屏保存就行；法务部应该有子公司的清单，人力资源部门应该知道员工数。在初始阶段，需要盘点这些数据就足够了。 1.32

受欧盟《通用数据保护条例》管辖的企业，必须对数据处理活动保留更加正式和详细的记录，包括： 1.33

➢ 企业名称、详细的联系方式、欧洲经济区代表人及数据保护官（如有）；

➢ 数据处理的目的；

➢ 数据类型、数据主体类型；

➢ 接受企业所披露数据者的类型，包括数据处理者（若企业本身为数据处理者，则包括其客户）的类型；

➢ 数据的国际传输和具体安全措施；

➢ 删除的时间期限；

➢技术上和组织上的安全措施。

如果企业受《加州消费者隐私权法》的约束,企业必须参考法规规定的术语和类别,公布其在过去12个月内披露或出售的信息的详细清单。

1.34 大型企业有时会更详尽地评估和审核数据库、数据流(这项工作常常需要外部顾问协助,有时也源自外部顾问的建议)。这么做对准确把控跨国企业数据隐私法合规的状态有所帮助,甚至是不可或缺的。但是,这项工作做起来耗时费力,最后产出的报告冗长琐碎,未必能直接对改进企业合规状态有多少直接的作用。因此,除非我们确信企业已经跨越了初级合规阶段,能够承受一场全方位的数据流梳理,否则不妨先从粗放式的数据盘点开始。

1.35 **定义目标和重点**。关于数据和隐私合规,不同企业之间定位亦有差别。有些企业将数据隐私合规要求与其他法律规定同等视之:只做法律所要求的或达到业内一般水准即可;而另一些企业尤其是提供信息技术产品或服务的企业,则把数据当作一种竞争优势,他们想满足顾客的全部需求,他们提供的服务可能超过同业水平。此外,在数据处理和合规的具体事项方面,不同企业之间目标也不相同。例如,有些企业的业务高度依赖直接营销,因此希望在每个法域内以最大限度且不计成本地收集、使用个人数据。而另外一些公司只想找出并遵守世界上最严格的法律规定,出于维护企业行为一致性并节约成本的利益而执行一套统一的企业合规规程。因此,高效地确定和沟通清楚企业数据隐私合规的目标很重要,这样才能确保确立此项工作合适的任务重点。

1.36 **确定最适合的方式**。基于对相关法律规定和企业目标的初步评估,我们可以选用一种最适合企业情况的方法:

1.37 ➢主动还是被动?事先主动采取措施避免问题,通常比应对后续诉讼、调查和负面舆论要降低风险、容易处理且节约成本。同时,一般来说只有一小部分潜在问题随后会实际爆发出来。如果企业将成本控制视为一个重要考虑因素且只把隐私看作一项普通的法律义务,那么我们可以考虑成本收益分析和“80-20”法则(帕累托法则)。通常,一种相应较小概率(或许是20%)的潜在问题将造成相应较大概率（也许是80%——当然比例未必总是如此）的负面影响。反推就是，企业或许只需要花费解决全部问题总预算的20%就能覆盖80%的不良后果。对于剩下20%的问题（甚至可能都不是最严重的问题），企业则要花掉总预算的80%。这么看来，企业应先找出并解决最有可能造成严重后果的问题或者通过很少资源和努力就能解决的问题。

➢ 相比某些问题（如预算不足导致无法部署加密技术或替换无法控制访问权限的陈旧系统），有些问题（如过时的网站隐私声明）解决起来更容易，费用也更低。预算有限的企业可以先从低成本问题做起。大多数企业可以很快了解到主要竞争对手是怎么做的（如阅读竞争对手的网站隐私声明和数据处理通知），确定哪些具体措施是法律规定的，并依先例行事。这种方法并不能确保百分百合规，甚至未必是一种高效的方法，但是能够帮助企业无须大规模的投入就能很快达到行业水准。 1.38

➢ 如果想要成为行业领军企业，那么我们必须考虑如何对法律规定和商业需求做更全面的评估。我们可以征求各利害相关部门（包括法务部、人力资源部、信息技术部、销售部、产品管理部、采购部等）的意见，列出工作重点，关注法律、贸易刊物和会议以跟进数据隐私合规领域的总体趋势，听从（有时甚至应主动寻求）政府机关的指导，关注相关的执法和诉讼案件。 1.39

➢ 在听从政府机关指导方面，很重要的一点是要确定企业面对多大的政府执法风险。一家受监管的企业（如银行或电信服务商）通常很重视监管部门的意见，而不管其意见是否有法条依据；因为这种意见的价值来自监管部门的权威声音。但是，不受严密监管的企业或与受监管的企业不存在密切业务往来的企业，则可以采取更自由的立场或观点。这些企业往往不仅会听取某一个政府机关的观点，还会了解这种观点是否被执行、如何被执行。这一点在衡量外国政府机关指导意见时尤为重要。例如，欧洲数据保护机关过去多年在不少话题上采取了较为极端的立场，但并未有任何实际的执法活动，从而也没有案子被拿到法院去测试其观点的合法性。如果企业亦步亦趋地遵照政府 1.40

指导行事而错过商业机会,万一政府的指导意见在实践中并未被广泛遵守或遭到法院质疑、撤销,恐怕这家企业就要追悔莫及了。

1.41 ➢ 请注意,在不同法域或对于不同的业务线,所适合的方法可能不尽一致。例如,若企业在德国有大量员工,又有一个不太友好的工人委员会,那么我建议该企业在德国员工的数据隐私保护方面特别积极主动;但类似措施在其他法域就未必同样重要。又如,若企业提供特别敏感的信息技术产品(如在线医疗记录存储),那么对于这款产品的数据隐私合规要求或许就要超越对一般产品的合规要求;但是对其员工隐私,做到行业标准合规要求就足够了。有些公司还处在由一群创始人管理和运营的阶段,公司的财务状况直接影响到创始人,那么此时员工的隐私合规可能就更加不受重视,公司更关心的是节省合规成本和工作量。

1.42 **确认法律规定和其他要求**。在为设计和更新数据隐私合规制度而尝试厘清相关法律规定时,我们会发现世界各地存在数以千计的法条从各种角度监管数据隐私。即使珍视合规的超大型企业也难以随时掌握相关法律的最新动向。对于小型机构来说,即使无法搞清法律的所有细节,也必须要认清法律的重点,用一套体系确保遵守数据隐私的关键规定。

1.43 *数据隐私法是什么?* 尽管各地的数据隐私法有不同的历史和公共政策背景,但它们在整体上还是存在一些共同的主题。数据隐私合规制度可以根据这些共同的主题对数据隐私法进行分门别类。狭义上的数据隐私法一般关注个人数据(关于自然人的数据而不是企业的数据),限制个人数据的收集、使用和保存。设计、维护数据隐私合规制度首要关注这些法律。这方面的法律规则很庞大,但我们可以通过筛选主题内容和法域来收窄必须关注的法律范围。

1.44 *企业须遵守哪些法律?企业性质、业务内容对法律适用的影响。*有些数据保护法直接适用于某些类型的法律实体。

1.45 ➢ 例如,欧洲数据保护法一般不适用于国家安全机关的数据处理以及单纯个人或家庭活动（如某人在脸书上发关于朋友的帖子）的私人数据处理。美国《健康保险便携与责任法》只适用于某些“范围内实体”及其“业务伙伴”如医生、医疗保险和某些服务商。有些关于金融和电信数据的法律仅适用于银行或电信服务商。反垃圾邮件法（Anti-spam laws）一般只关注营利商业企业，而不适用于政治和非营利组织。

➢ 而且，如果企业一般只是作为其他企业的数据处理者或者有可能作为数据处理者，那么其合规义务可能就少多了，一般也就是服从数据处理者的指示和保障数据安全不受未经授权的访问。 1.46

即使某部法律不适用于企业，但该法条依然可能会适用于企业的业务伙伴，从而与企业发生联系。话虽如此，大多数企业通过对照企业类型与业务内容对相关法律进行排查就可以删除一大堆不适用的法律。 1.47

*企业适用哪些法律？考虑跨国法律适用问题。*世界上有190多个国家，每个国家还可能存在不同的法域（如美国50个州，各州法律不同）。一般来说，企业应认真分析首先需要重点关注哪些法域： 1.48

➢ 根据国际习惯法，每个主权国家都可以按其意志自由立法。并不存在“世界宪法”或条约能有效限制一个国家的国内立法范围。 1.49

➢ 通常来说，一个国家的数据隐私法适用于在其境内设立、注册、部署员工或设备的企业。但有些国家则管得更宽，他们将数据隐私法的适用范围覆盖到通过定向网站（如针对某国的网址、语言、本地化内容、本地电话等）或者境内业务伙伴远程收集该国境内居民个人数据的境外公司，甚至覆盖到任何存在收集该国境内居民个人数据之事实的境外公司。互联网服务商、跨国企业和很多其他与外国有或多或少直接联系的公司经过仔细分析之后已经发现，很多国家的数据隐私法会适用到他们的某些数据处理活动。但是，也有很多专注于国内市场的企业（如本土银行、医院和建筑公司）能够排除大多数外国法的适用。 1.50

➢ 欧盟法对欧盟成员国把国内隐私法适用到域外设定了一些限制，这使 1.51

欧洲经济区内的企业在欧洲经济区共同市场内做生意变得更容易一些。即使欧洲经济区内的数据控制者会从许多区内成员国收集数据(不论通过互联网还是其他方式),但它只需遵守其分部或其他显著实体所在地成员国的法律就可以了。欧洲经济区外的企业则不享有这一特权。因此,一家客户遍布欧洲的美国电子商务公司,可能不得不遵守欧洲经济区各成员国的法律。不过,如果它在爱尔兰(企业所得税低)或卢森堡(增值税低)设立一个子公司,并令其成为所有欧洲客户的合同签订者和数据控制者,那么这家新成立的子公司只需要遵守其所在法域的数据保护法就行了。自从 2018 年 5 月欧盟《通用数据保护条例》生效之后,企业对各国国内法的关注可以降低一些,但是由于国与国的法律差异依然存在,区位规划仍有必要。美国企业或许能根据美国宪法中禁止各州法律歧视州际贸易或给州际贸易施加过度负担的这一“贸易条款”主张类似保护。这类管辖特权给企业提供了事先筹划区位的空间,从而主动影响哪些法律适用于企业。

1.52 ➢ 如果在考虑了上述因素后,还是有太多无法排除的法域,那么我们可以从执法风险因素着手进行进一步的筛选:把执法风险特别高的法域作为重点关注对象。一般来说,那些拥有子公司、员工、重大资产、关键客户的国家的法律应当被重点关注。除去商业考量,还应该考虑合规的难易度(如语言障碍、当地法律制度与总部所在地是否接近等)。基于这些实际因素,大多数企业可以把重点法域数量调整到可控程度,而不至于太多。

1.53 各地数据隐私法——概述与导航。在开始分析各国数据隐私法之前,简单了解一下世界各地区立法方式的差异,会有助于找到方向。

1.54 ➢ 在欧洲,数据保护法措辞宽泛,覆盖大多数私营机构(private sector)和政府部门(public sector)的数据处理活动。某些法域(包括奥地利、意大利和瑞士)甚至把关于法人的信息也囊括到“个人信息”范围之内。大多数欧洲国家的基本立场是:除非经数据主体有效同意或者基于法定例外,禁止处理个人数据。这类法定例外包括:(1)企业需要处理个人数据履行与数据主体签订的合同;(2)企业为了遵守法定义务,保护数据主体的重大利益,执行有利于公共利益的任务;(3)寻求正当利益(但数据主体的隐私利益压倒这种正当利益的情况除外)。第(3)种例外,也被称作"正当利益例外",它要求企业权衡自身利益与数据主体的利益。在2011年以前,欧洲数据保护机关对这种例外的解读很窄,不过最近他们承认了"正当利益例外"是与其他例外平行的条款,而非无法适用其他例外时的兜底条款。这种演变显示欧洲数据保护法可能会向强调保护隐私合理预期的美国式数据隐私法靠拢。尽管如此,欧洲数据保护法中关于数据主体同意和通知数据主体的规定依然相对严格,欧洲经济区外的跨国个人数据传输受到限制,很多欧洲法域要求企业向政府报告数据隐私保护措施,任命数据保护官,并满足其他形式要求。由于法律规定偏向宽泛笼统,以往欧洲企业和监管部门就采取灵活的解释方式,且民事诉讼也比较少见。这在很多欧洲国家就导致了执法松懈、不确定性大的问题。

➢ 自从2018年5月欧盟《通用数据保护条例》生效后,情况正在改观。该条例是1995年《欧盟数据保护指令》实施以来的第一次重大变更,且直接适用于企业和个人(无须通过各国的国内法来实施)。数据保护机关现如今可以收取更加高昂的行政罚款,最高罚款金额可达2000万欧元或企业全球年收入的4%(以二者中金额较大者为准)。企业在数据保护影响评估、数据最小化、删除和安全事件报告(72小时内)等方面面临更加严格的规定。条例的基本原则依然是"禁止":企业不得处理个人数据,除非能够主张某种例外情形。

➢ 与此不同,在美国,法律的基本立场是允许处理个人数据,没有专门的 1.55
数据保护机关或政府对企业提出报告数据隐私保护的要求。普遍适用的隐私法只在数据主体产生合理隐私预期(大众普遍认为合理的真实预期)时发挥作用。在大多数时候,企业只要把数据处理活动告知数据主体,就很容易消除这种预期。20世纪70年代,欧洲通过覆盖广泛的整体数据保护法时,美国立法机关决定采用不同的方式,即只对严重的数据保护问题进行立法,因此美国立法机关通过的法律都针对明确的风险和数据滥用行为。美国联邦和 50 个州已经通过了数量庞大但范围明确的特别隐私法。一旦落入这些法律的管辖范围,企业——尤其是那些进入美国市场时误以为这里的隐私法律不严格的欧洲企业将会惊讶地发现,他们会受到极其严格的法律限制并将承担巨大的违法责任。例如,《加州 1971 年宋—比弗利信用卡法》(the California Song-Beverly Credit Card Act of 1971)规定,零售商除了处理必要的信用卡交易外,不得从信用卡用户处收集其联络方式和其他信息。这项禁止没有例外,就算有信用卡用户的书面同意也没用,从而给零售商带去遭遇集团诉讼的重大责任和风险。但是,美国加利福尼亚州法律对于从付现金客户处收集信息就没有特别限制。另一个立法非常严厉但范围狭窄的例子是美国国会于 1988 年通过的《联邦视频隐私保护法》(the Federal Video Privacy Protection Act)。当时,关于一位候选法官的录像带租赁记录是否应当受到保护而产生的舆论争议,导致这部禁止披露录像带租赁信息的法律得以诞生。但是,这部法律并不适用于书籍或者电子游戏的租赁记录。美国健康信息隐私的联邦法律《健康保险便携与责任法》限制"范围内实体"、其"业务伙伴"以及某些"受保护健康记录"服务商收集和使用健康信息,但并不管辖其他主体。因此,各种各样的网络服务商即使通过互联网从消费者处收集了极为敏感的健康信息,依然不受制于 HIPAA。又如,《格雷姆—里奇—比利雷法》(the Gramm-Leach-Bliley Act,GLB)仅直接适用于金融服务商,而不延伸到大多数金融技术企业。因此,在美国,企业除了要考虑美国联邦层面的隐私法之外,还要评估各州的隐私法律。再如,加利福尼亚州通过了很多非常严厉和详尽的特别隐私法,来弥补联邦法的已知漏洞。自 2020 年 1 月 1 日起,根据《加州消费者隐私权法》,企业须面对极其宽泛的披露要求、数据主体权利和制裁。

➢ 因此,企业必须认真评估其计划开展的业务是否会落入任何美国联邦或州特别隐私法的范围。如果落入,那么他们恐怕会发现与欧洲数据隐私法相比,美国法规定的限制更多,责任风险更大。但是,如果企业想要开展的业务(不管是初始计划的业务,还是根据美国法律有意调整后的业务)并未落入任何美国特别隐私法的范围,那么企业只需要提供合适的隐私告知并确保遵守该告知就行了。跟在欧洲一样,企业违反美国法也会被政府机关(包括联邦贸易委员会和州检察长)处罚。不过,由于在美国存在集团诉讼、惩罚性赔偿、陪审团裁决、律师风险代理(律师不仅可以赚律师费,还可以分到赔偿金中相当一部分。如果原告聘用风险代理律师,其诉讼的经济压力就小得多)等形式,民事诉讼在实践中的影响更大。

➢ 其他一些国家(如阿根廷、巴西、哥伦比亚、印度、以色列、日本、新西 1.56
兰、俄罗斯和乌拉圭)的数据保护法或多或少参照了欧洲的样本,另一些国家(如澳大利亚、加拿大、印度、日本和墨西哥)则有选择地移植:借鉴一些欧洲法的元素,但是在数据主体同意和通知数据主体方面的规定则要灵活和宽松一些,行政监管也没那么严格。然而,中国的数据监管则侧重于国家安全、地方数据存储和保留要求、社会评分和监测以及对技术创新的支持。

企业还要考虑哪些其他的法律和规定?除去狭义的数据隐私法之外,企 1.57
业设计数据隐私合规制度时还要考虑如下法律和规定:

➢ 劳动法、消费者保护法、不正当竞争法规定的法律义务,某些法域中直接适用于公司的宪法权利保护;

➢ 合同义务(如数据安全标准条款、事件通报条款、纳入隐私声明的条款等);

➢ 在隐私政策和通知中向数据主体作出的在先承诺;

➢ 客户预期和其他商业需求(企业需要哪些数据、在多长期限内使用这些数据以及使用这些数据是出于什么目的)。

确认实体合规要求:关于数据保护的实体合规要求在各法域差别非常大, 1.58
一种是欧洲式的规定,另一种是非欧洲式的规定。尽管如此,世界各地仍然存在一些类似的实体合规要求。

遵守规程、通知与合同。第一条普适要求是:说到做到——企业要遵守其 1.59

在通知、规程、网站隐私声明和合同中承诺的限制性规定。如果企业可以对数据处理活动保持沉默,那么这条要求的重要性将无法体现。但是,越来越多的法域通过法律、越来越多的行业通过实践与技术标准,强制要求企业发布关于数据使用的声明和通知(如很多移动应用商店要求开发者发布隐私声明)。以美国为例,联邦贸易委员会很早以前就根据反不正当竞争法理论来敦促互联网公司发布网站隐私声明,而违反这种半自愿性的隐私声明发布要求的企业亦遭受了该委员会的执法行动。如果企业未能遵守自身的通知、规程和声明,在大多数情况下会因为违反包括反不正当竞争法和侵权法(虚假陈述)在内的多种法律而遭受处罚。因此,无论是调整通信内容,还是调整实际做法,企业必须始终确保通知、隐私声明、合同和其他隐私相关通信准确、及时。

1.60 数据安全。企业必须采取合理的安全措施保护保密数据不受未授权的访问和传播。商业秘密法和保密协议也要求企业采取安全措施,且其覆盖的保密信息更多,包括个人数据在内。不过,一旦个人数据被传播,那么对这个数据的保护就超出了商业秘密法的范围。数据保护法要求企业采取合理的安全措施对个人数据进行保护,其覆盖的范围包括已公开的个人数据。因此,商业秘密法中保密条款的常见例外(如独立研发的信息、公开可获取的信息、强制披露等)并不能对抗数据保护法。除了必须遵守商业秘密法和保密协议约定的保密义务外,企业还应确认是否遵守了数据保护法的规定。

1.61 世界各地的企业数十年前就已开始按法定义务或合同约定来确保个人数据的安全。但是,过去大多数的法律和合同条文只是简单设定一个笼统的合理性标准,并不写明具体措施。近些年来,自从美国加利福尼亚州 2003 年通过世界上首部《数据安全事件通报法》(the Data Security Breach Notification Law)之后,企业开始批量报告安全事件,越来越多的法域已经通过数据安全事件报告法,各地的立法者也开始设定非常明确的技术和组织措施,旨在确保企业采取更全面的措施来预防安全事件,并保护消费者、员工和他人的数据和隐私。

企业收集、存储、使用、传输及以其他方式处理个人数据的程度取决于其收集和保存信息的业务需求和法律义务。任何企业都或多或少会处理个人数据,至少会掌握员工、客户和业务伙伴的联络方式。多数企业会处理更敏感的数据如工资信息、客户购买记录、信用卡交易信息、其他财务数据和医疗数据。所以,在实施数据隐私合规制度时,需要评估针对企业业务具体的数据安全规定,全面考虑各法域的法律规定、风险分布和承受能力以及合同与实践的必要性,创建适合企业自身的信息安全制度。 1. 62

一项成功的数据安全制度通常包括以下方面: 1. 63

➢ 采取手段对数据的存储位置、安保措施、目的及所需期限进行追踪(并记录数据处理活动);

➢ 对场所、网络和设备(包括加密、强认证、密码等)进行现场保护和技术保护;

➢ 对组织内的访问进行控制(基于"按需知情"的限制);

➢ 开展员工培训;

➢ 安全删除已无用的数据(如废弃设备上及纸面上的数据);

➢ 对数据安全进行持续监控及不定期审核、调查;

➢ 审慎选择、管理、监督和签订服务商;

➢ 为每一起数据安全事件制订计划方案,主动采取措施避免相同事件重演;

➢ 在任何数据处理活动发生重大改变之前(包括启动新产品、流程和数据使用方式)主动评估隐私影响和安全设计;

➢ 事件报告和响应计划、培训和演习。

首先,我们应确定企业是否有书面规程或不成文的流程处理上述问题,是否有专人负责制度的执行。其次,我们可以对企业现有措施做一次总结,评估这些措施是否满足了法定义务及合约义务,是否足以充分应对威胁企业的 1. 64

风险。最后,我们可以外聘数据安全顾问验证这些制度的有效性,确保这些制度符合行业惯例。外聘顾问时,确保他们清晰理解企业的工作目标和成果并在此基础上达成协议,是非常重要的。否则,当外聘顾问为评估企业数据安全措施的充分性而展开无休止的扫描、测试却不愿意告知何时能给出结果的时候,企业会非常崩溃。

1.65 其他数据隐私实体合规要求。根据欧洲数据保护法,企业还必须满足其他若干实体性要求:

- 对数据的处理和保存应最小化;
- 通过更新、纠正和删除等手段保持数据的完善性;
- 当数据主体提出访问要求时,向其开放访问权限;
- 寻求数据主体的同意或其他正当理由。

1.66 这些要求适用于大多数的欧洲国家,但在欧洲之外的法域尚未被普遍采用。很多国家有意选择不接受数据最小化要求,因为这会严重限制创新、经济自由和信息自由。

1.67 **确认形式合规要求**。从某种意义上来说,要求企业创建某种通知、向政府提交申报材料或其他书面材料的数据隐私合规规定,是一种"形式"上的要求。尽管这类形式合规义务并不直接要求企业实质性改变数据处理行为,但如果未满足实体性义务,企业公开发布的通知以及向政府部门提交的申报材料等往往也是不适当的,因为这相当于将自曝不合规行为。因此,从逻辑上说企业首先要做到实体合规。不过,在实际操作中,从形式合规任务开始做起往往更有效率,因为履行形式合规义务有助于确认实体合规要求,发现企业在实体合规方面的缺陷。对于大多数企业来说,形式合规更易实现,形式违规风险更高。对于政府主管机关、民事诉讼案的原告、企业的竞争对手来说,想要证明企业形式违规也更加容易:"对离职员工个人数据设置三年的保留期限是否恰当?"当面对这样的问题时,企业存在争辩的空间;但当被质问"企业是否依法向政府机关提交了申报材料?"时,答案只有两种。

除本书所列形式要求外,还须逐一检索各国关于数据安全保护的形式合规要求(可参见书末的“相关资料”)。总体来说,形式合规要求包括如下内容: 1.68

➢ 任命数据保护官;

➢ 留存数据处理活动的记录;

➢ 记录数据安全措施并存档;

➢ 与关联企业、服务商、其他商业伙伴签订适当的数据传输协议;

➢ 向数据主体发送通知或征得其同意;

➢ 向数据保护机关提交申报材料或寻求其批准;

➢ 向工人委员会、劳工联盟、其他员工代表等可能存在的组织进行咨询。

1.5　执行任务

一旦准备好实现数据隐私法律合规的具体任务清单,就应该进入执行环节。可以先从容易操作或能够减轻重大风险的任务开始。很多企业从制作向数据主体发送的必要通知做起,事实证明这样做非常有益,因为在制作通知的过程中企业自然而然就会审视合规现状并能够妥善地弥补漏洞,顺带解决其他问题。关于实际执行任务清单,我想分享给大家的一个重要提示是:不要因为千头万绪无所适从而寸步不前,弥补几个合规漏洞总比什么都不做强。尽管很多任务彼此之间存在千丝万缕的联系,但我们仍然可以先完成某些领域的具体任务而不损及其他任务(例如,先完善员工的数据隐私安全措施,再处理消费者数据隐私保护,反之亦然。又如,先解决某些重点法域内的任务,随后再关注其他法域里存在的问题)。 1.69

第二章 数据跨国传输*:选择恰当的合规机制

2.01 如果企业不收集、使用或处理任何来自他国的个人数据,那么可以跳过本章或稍后再阅。不过,由于在其他法域存在员工、客户、供应商或其他业务伙伴,或者由于其客户、供应商或其他商业伙伴涉足其他法域,大多数企业都会涉及数据跨国传输的问题。一旦如此,出于对外国实体(如子公司等)合规情况的负责态度,或者出于外国商业伙伴所提出的要求,企业在很大程度上必须针对个人数据跨国传输问题选择适用某种具体的合规机制。本章讨论的各种因素恰好可以为企业做出上述决策提供参考。在实践中,如何选用合规机制是个难题。而涉及欧洲数据保护法规定时,尤其令企业头疼。这也是我们设置专章讨论数据跨国传输的原因。

2.02 总体而言,企业从事跨国活动会面临种种挑战,因为必须理解和满足不同国家关于法律、市场、语言、技术标准、文化和其他因素的种种要求。具体到数据隐私合规来说,情况亦同。很少有企业能够证明自己不存在跨国收集、处理、存储或发送个人数据的行为。毕竟,互联网采用了去中心化数据传输的结构,这意味着任何使用电子邮件、互联网、语音通话和万维网的企业无时无刻不在通过线缆、卫星、天线、路由器和其他境外通信设备发送和接收数据。即使不对境外经营或没有境外联结点的公司也一样,因为互联网协议会把纯境内两点间的通信通过跨国的方式来传送。而且,在经济全球化大背景下,大多数企业与境外法域存在更多的联结点:全球各地的网络用户都可以访问企业

---

* 本书提及"数据跨国传输"时,对应的英文为"international data transfers",亦可译作"数据跨境传输"。这里的"国""境"主要指不同的法域。——译者注

的网站,企业可以向境外客户销售产品,从低成本法域采购商品或服务,还可以使用其他国家的网络服务。即使尽可能想把业务控制在自己国内的企业往往也会发现,其客户和供应商受制于外国法律,而且他们也会尝试把境外规定通过合同施加给自己。

有一项法律要求亦或者说一项有史以来最具传染力的法律制度,是世界各地的企业可能都无法避免而终究要面对的,即欧洲数据保护法对个人数据跨国传输的限制。世界上大多数企业或多或少都将受到影响,无论是企业自身或子公司直接受该法律管辖的原因,还是由于企业直接或间接的业务伙伴将其本应遵守的合规义务通过协议转移给企业。那么,问题来了:如何合法地把个人数据从欧洲传输到其他地方? 2.03

根据欧洲法,通常来说,欧洲经济区内的企业不得把个人数据发送到该经济区外,除非做到充分的数据保护。这一规定直接影响总部未设在欧洲的跨国公司,因为其位于欧洲的子公司不能把关于员工、合同签约方、客户、其他联系人的个人数据分享给总部。间接受此影响的首先有在欧洲存在客户、供应商、其业务伙伴的企业,因为其欧洲业务伙伴不得分享个人数据;其次还有为持有欧洲数据的企业提供服务的企业。考虑到如今紧密的全球经济联系,极少有大企业能够丝毫不牵涉个人数据跨国传输问题。 2.04

其他一些法域如阿根廷、澳大利亚、巴西、哥伦比亚、印度、日本和俄罗斯,开始在数据隐私立法中纳入类似概念,要求境内企业确保其境外数据接收人能够遵守同等或者更高的数据隐私标准。总部不在这类法域中的企业一般会先应对欧洲式法律关于个人数据跨国传输的规定,然后再考虑其他法域的法律规定。这时,企业往往会发现为满足欧洲法规定而采取的措施,亦可满足其他法域的要求。基于此并考虑到欧洲法出现得最早、规定最为详尽全面,在本章我们会重点分析欧洲的数据保护法。 2.05

2.1 三重障碍

2.06 从一个法域向另一法域传输数据之前，企业必须要跨越如下三重障碍：（1）遵守所在法域关于收集或以其他方式在当地处理个人数据的规定；（2）有正当的依据向另一数据控制者披露数据或者通过合同限制数据接收者仅能够处理数据；（3）确保数据接收者采取的数据保护达到充分水平。

2.07 **障碍一（本地合规）**要求对任何数据的收集和处理活动采取保护措施。在欧洲，这既包括各类形式工作（如告知数据主体、进行政府申报、指定数据保护官、准备数据安全文件等），也包括实质措施（如最小化数据处理范围和数据保留期限、确保数据准确和安全、准许权利人数据访问等）。不管是否发生把数据传输到境外的后续行为，欧洲企业首先必须遵守这一规定。另外，后续数据传输对本地合规也有影响，因为企业必须在提交给数据主体和数据保护机关的通知中说明数据的跨国转移，并向数据保护官咨询该事宜等。

2.08 **障碍二（披露限制）**要求数据传输存在正当依据，无论是否涉及跨国问题。通常来说，欧洲企业可以选用服务商即数据处理商如薪酬服务商从事处理数据工作。再概括一点，一般来说，在欧洲及其他法域，对于把数据传送给服务商的行为，企业无须特意寻找额外的正当依据。但是，除非能够依法主张正当性，否则欧洲企业通常不得把个人数据披露给数据控制者，即使数据控制者在欧洲经济区内也不行。

2.09 即使企业完全遵守本地数据保护法（克服了障碍一），也满足向欧洲经济区外传输数据的具体要求（克服了障碍三），并不意味其可以将任何个人数据披露给另一数据控制者。即便数据传送发生在位于同一个欧洲经济区成员国内的子公司和母公司之间，即使子公司由母公司全资、封闭持有，数据传输依然要有正当依据。因此，想要跨越数据跨国传输的障碍二，位于欧洲经济区内的企业必须论证其信息披露的合法性，尽管这种披露一般是被禁止的。不少企业只关注障碍一和障碍三,却忽略了障碍二。

至于其他形式的数据处理,理论上只要企业获得有效同意或者证明数据传输的必要性——如数据传输是为了履行与数据主体签订之合约义务或为了遵守本地法律,就具备了数据传输的正当性。但是,数据主体往往不愿同意数据披露,为履行合同而传输数据的必要性也未必一目了然。例如,某企业可以根据合同义务或法定义务,以雇主身份收集、使用某些个人数据用于支付工资、监督和奖励员工表现、提供员工福利以及上报和扣缴税款。不过,雇主是否能把员工信息披露给其最上层的母公司则是一个尚未明确的问题,虽然跨国集团企业常常这么做。很多跨国公司在这类数据传输上或许可以主张正当利益,具体而言,如果一家小型子公司没有独立的人力资源部门,其工资发放和其他人力资源职能都由其全资控股的最上层母公司管理,那么该子公司或许就能证明把员工信息披露给母公司是具有正当利益的,甚至是有履约必要性的。但是,具有独立行政职能的较大型子公司这么做,或许就较难证明数据共享的正当性,因为某些职能和数据可以在当地完成。一般来说,跨国集团总部的管理层希望掌控企业在世界范围内的运营情况,并通过集中数据处理和决策来节约成本。然而,数据保护机关、工人委员会和员工并不认同这些目标。在实践中,跨国企业能够成功显示美国母公司需要某类人力资源数据如跨国项目、职业发展管理、员工期权发放以及员工借调(临时把员工派往外国关联企业)的正当性。再有,企业为了快速召回产品或提供售后服务,可能必须要与供应商或第三方生产商分享某些客户数据。但是,如果欧洲企业找不到把数据传输给另一数据控制者的正当依据,那么就应该考虑把其母公司或其他关联公司仅仅作为数据处理者(可参考把数据传输给处理者的 2010 年标准合同条款)。 2.10

障碍三(限制向欧洲经济区外传输数据)是企业须确保接收数据的国家或公司在数据保护方面达到充分水平。在默认情况下,欧洲经济区内的企业不得将数据传往区外。这个障碍要求企业必须为跨国数据传输选用具体的合 2.11

规机制。

2.12 欧盟委员会已经判定多个国家和地区在数据保护方面达到充分水平:安道尔、阿根廷、法罗群岛、根西岛、马恩岛、以色列、日本、泽西岛、新西兰、瑞士、乌拉圭和美国。欧洲经济区内的企业可以向这些国家和地区自由传输数据,如同在欧洲经济区内一样。也就是说,在这些已经被欧盟委员会宣告实现充分数据保护的国家和地区,企业仅受限于障碍一和障碍二,障碍三则不适用。

2.13 让我们再来看看美国的情况。虽然欧盟委员会在2016年对美国做出了数据保护充分的判定,但该判定却非常独特,它认为美国实现数据充分保护的范围有限且附有条件。该判定认为只有加入了欧盟—美国隐私盾项目(the EU-U. S. privacy shield program)且承诺遵守该隐私盾原则的美国企业才具备充分保护的条件。欧盟—美国隐私盾项目是为了协调欧洲与美国这两个法域在隐私法上存在的巨大差异,由欧盟委员会与美国商务部基于欧洲数据保护法而制定的。大多数美国企业(仅在美国联邦贸易委员会广阔监管范围之外的企业除外)均可加入该项目。想要加入该项目的企业可以通过网络向美国商务部承诺遵守隐私盾原则,且已经进行自我评估并将数据保护措施记录存档。他们必须承诺与欧洲数据保护机关合作,保护从欧洲经济区传往美国的员工数据,并且建立纠纷解决机制以保护其他数据。美国商务部会审核申请企业通过网络提交的加入申请和隐私声明,还可以要求企业提交关于数据再转移协议的信息。如果美国企业违反隐私盾原则或其隐私声明,那么强大的美国联邦贸易委员会可以采取强制执行措施,美国商务部可以将企业开除出隐私盾项目,欧洲数据保护机关可以要求企业履行合作义务,民事原告还可以把企业告到仲裁庭或法院。因此,欧盟—美国隐私盾项目确保按照欧洲数据保护法设定的法律要求实施到美国领土内的美国企业,由美国行政机关、美国法院和欧洲数据保护机关确保执行问题。

2.14 在欧洲—美国隐私盾项目实施之前,美国实行的是安全港项目(the U. S. safe harbor program)。美国安全港项目由美国商务部从2000年起开始实施并由联邦贸易委员会执法,历经 15 年。2015 年 10 月 6 日,主要出于对美国政府监控的担忧,欧盟法院撤销了欧盟委员会对美国安全港项目数据保护充分的判定。此前,欧盟委员会和美国商务部已经着手修订此项目,并在敲定双方隐私盾项目协议时考虑了该法院判决。

从篇幅上看,隐私盾原则显然比安全港项目更加详尽严格:在 2000 年,安全港原则的篇幅只有两页半,欧盟委员会在欧盟官方公告中撰写的充分保护判定有 40 页;到了 2016 年,隐私盾原则的篇幅为 19 页,相应的充分保护判定长达 112 页。从安全港到隐私盾,篇幅的增长与欧盟数据保护法的详尽化同步:1995 年《欧盟数据保护指令》的篇幅为 19 页,而 2016 年的欧盟《通用数据保护条例》则长达 88 页。 2.15

从内容上做具体的比较,相比于安全港项目,隐私盾项目涵盖要求每一年对隐私盾原则进行评估和更新,并设置一系列增强或新设的隐私保护措施如要求更详尽的隐私通知(要求列明责任、访问权和纠纷解决)、更严格的再传输合同(且规定美国商务部对这些合同有查询权)、数据最小化、数据保留、对个人无成本的独立救济机制以及对不合规行为的公示规定。自愿退出隐私盾项目的企业必须退还(return)或删除之前收集的个人数据,否则就要继续执行隐私盾原则,并每年重新承诺合规义务。如果美国商务部把某企业开除出隐私盾项目,该企业必须删除或退还之前收集的个人数据。

此外,美国国家情报主任在隐私盾原则附带的保证书中向欧盟作出了具体而有力的承诺。此前,爱德华·斯诺登于 2013 年揭露的美国政府的大规模监控,引发了美国国内和国际的关切,导致美国总统重新主导国家安全局监控项目。美国国会也通过《司法救济法》(Judicial Redress Act)和《美国自由法》(USA Freedom Act,即废止臭名昭著的美国爱国者法的法案)改善了美国国内的隐私保护问题。 2.16

就在欧盟委员会于 2016 年 7 月批准欧盟—美国隐私盾项目之后,该隐私盾项目立即遭到欧盟政客、活动家和数据保护机关的批评,批评者们还公布了 2.17

挑战该项目的计划。但是,欧盟委员会分别在 2017 年和 2018 年的第一次和第二次年度审查中得出结论:美国继续确保对根据隐私盾项目协议传输的个人数据提供了适当保护。只要欧盟委员会做出的关于美国对数据的保护是充分的判定没有被撤销或被废除,欧洲经济区内的企业就可以将个人数据传输给已加入欧洲—美国隐私盾项目的美国企业,如同这些企业坐落于欧洲经济区内或坐落于经欧盟委员会普遍认定数据保护充分的法域一样。位于欧洲经济区内的企业,无须处理障碍三即可合法地将个人数据向加入欧洲—美国隐私盾项目的美国企业传输。

2. 18 如果欧洲企业要把数据传输给未加入欧洲—美国隐私盾项目的美国公司,或者那些既非欧洲经济区、又不属于欧盟委员会已判定数据保护充分的世界上其他 150 多个国家之一,那么就必须跨越障碍三。对此,欧洲经济区内的企业有多种备选方式寻求突破跨国传输的限制,具体如下:

- 证明数据跨国传输符合欧盟委员会颁布的标准合同条款;
- 证明数据跨国传输符合具备法律约束力的集团企业规则(binding corporate rules);
- 证明数据跨国传输符合欧盟《通用数据保护条例》批准的行为准则(Codes of Conduct);
- 获得数据主体的明示同意;
- 证明数据跨国传输属于履行企业与数据主体所签合约义务之必要条件或属于保护数据主体利益之必要条件;
- 证明数据跨国传输是基于保护公共利益的重要理由;
- 证明数据跨国传输是为了建立、行使或抗辩法律主张;
- 证明数据跨国传输是为了保护数据主体或他人的重大利益。

2.2 突破数据跨国传输限制的各种方式

在欧洲数据保护法将个人数据定义得十分宽泛的情况下,欧洲经济区内的企业常常必须与区外的企业分享个人数据。当一家欧洲区内的企业向巴西分销商销售汽车、在中国设立代表处或从日本订购电脑时,在最小范围内,也避免不了分享其销售人员和采购代表的姓名和工作联系方式。而在欧洲数据保护法下,这已经构成了个人数据的跨国传输,必须突破前述三重障碍。在当今全球化经济时代,为了方便业务往来、母子公司联络和供应链安排,大多数企业实际上分享的个人数据远远超过上述范围。为了解决数据跨国传输的限制,企业也必须从种种候选方案中做出选择,适用最符合自身的方案。 2.19

➢ **获得数据主体同意**:从数据主体即数据指向的个人处获得有效同意之后,企业可以解决跨国数据传输和其他任何数据处理活动的限制。三个障碍中的任何一项都可以通过获得数据主体的有效同意得以解决。但是,同意的作出只有在满足自愿、明确、知情的条件时才有效,而且数据主体可以随时任意地撤回同意。 2.20

➢ **基于合同义务或法定要求**:除了寻求数据主体同意外,企业可以与数据主体订立合同。在某些情况下,企业还能够借由法定义务使数据传输获得合法性。尽管欧洲法极少明文要求将个人数据传往欧洲经济区外,但也并非没有例外。例如,为了认定跨国调派员工的福利,欧洲经济区内的企业有义务与位于区外的雇主共享员工个人数据,同时与相关法域的政府机关分享该数据。在更多情况下,数据传输是基于履约的必要性,即企业需要跨国传输数据履行某项合同义务,如为预订旅途行程需要把个人数据分享给外国航空公司和酒店,为向境外发货需要把个人数据分享给货运商和海关。但是根据欧洲法,要使跨国数据传输合法,必须直接与实际数据主体签订合同,或者合同的签订必须符合数据主体的利益。 2.21

2.22 ➤ **签订包含标准合同条款(standard contractual clauses)的数据传输协议(data transfer agreements)**:若欧洲经济区外的企业与欧洲经济区内的企业达成协议,在合同中承诺遵守欧盟委员会批准的标准合同条款,则该企业对个人数据的保护被视为充分。在这种情况下,欧洲经济区成员国通常不得禁止个人数据向区外企业传输。不过,欧洲经济区的数据保护机关可以要求企业提交合同副本,检查合同是否减损了官方公布的标准合同文本和法定附件中涉及的具体细节。

2.23 针对数据控制者之间的数据传输,欧盟委员会分别在 2001 年、2004 年颁布了不同版本的标准合同条款。2001 年版和 2004 年版(后者是为了响应业界修改标准的要求,但并未取代 2001 年版,两版都可以使用)标准合同在实质上非常接近,都要求数据控制双方均遵守欧洲数据保护法,授权数据主体作为第三方利害关系人根据其所在地的法律请求当地法院强制要求合同任一方履行合同义务。

2.24 针对数据控制者将个人数据传输给数据处理者的行为,欧盟委员会也颁布了标准合同条款。2010 年的最新版本已适用于欧洲经济区成员国。数据控制者将个人数据传输给数据处理者的标准合同条款,将大多数义务施加给欧洲的数据出口者,而欧洲经济区外的数据处理者则负责数据安全,必须“遵行欧洲数据保护机关的建议”。如果数据处理者想把该数据传输给分包商(分处理者),该处理者必须获得数据控制者的书面同意,基于相同的合同条款与分处理者签订合同并适用数据控制者所在地的法律。数据处理者还要为任何分处理者(即使分处理者是数据控制者或其他分处理者选定的)的作为或不作为,对数据控制者和数据主体承担无限连带责任。数据处理者必须把所有外包合同列成一张清单,允许数据主体、数据控制者、监管数据控制者的数据保护机关查询该清单和外包合同。数据主体有权根据本地法在本地法院起诉合同中的任何一方当事人。

2.25 涉及将个人数据传输给数据控制者时,若签订 2010 年版标准合同条款,实践起来会面临不少困难。其中，最难落实的一项条款是，标准合同要求数据处理者获得任何有权访问欧洲数据的分包商的签字确认。这对那些高度依赖分包商如网络服务商（遵守条款基本上需要与所有接入互联网的合作企业签约）、支付服务商（必须与所有银行、信用卡公司、清算公司和其他服务商签约）的行业来说，几乎是不可能的。不过，2015 年 10 月欧洲法院宣告美国数据服务商的安全港项目无效之后，2016 年 7 月欧洲—美国隐私盾项目获批之前，很多美国企业及美国境内的分包商开始接受欧盟委员会的 2010 年版标准合同条款，来实现将个人数据传输给数据处理者的合规。因此，欧盟标准合同条款已经差不多是国际标准了。

为了从个人数据保护充分判定中获益，企业不得以任何直接或间接的方式修改欧盟标准合同条款或减损数据主体获得其个人数据受到保护的权利。但是，正如欧盟标准合同条款已明确提及的，企业可以在不影响欧盟委员会对个人数据保护有效充分认定的情况下，订立其他合同和标准合同条款之补充内容（如增加赔偿条款等）。 2. 26

那些修改欧盟标准合同条款或者自行起草合同文本的企业，未必能够获得欧盟委员会基于标准合同条款所作出的个人数据充分保护的判定。从数据保护或商业角度来看，修改过和定制的合同或许更加优越，但是由于未经欧洲经济区各成员国严格审查，会触发各成员国内的数据保护机关向企业提出各种报告和审批要求，既费时费钱，又难以管理。当数据处理者把自动化服务或平台使用权销售给大量客户时，我们不可能指望各欧洲经济区成员国能够应付如此大量的不同安全标准和数据传输协议，尤其是当合同规定数据处理者需要把全部要求逐一传递给分包商时。因此，一些自动数据处理服务商（如云计算运营商）倾向于使用欧盟 2010 年版标准合同条款，而非欧洲经济区各成员国数据保护机关发布的标准合同或其他外部律师、行业协会或客户提供的过度“定制化”的合同文本。 2. 27

➢ 欧盟委员会已声明将依据欧洲法院 2015 年对美国安全港项目的判决， 2. 28

重新审查其对标准合同条款和多个国家达到个人数据充分保护的判定。原因在于,法院在那份判决中指出的美国政府监控和其他隐私威胁问题同样适用于其他法域和其他合规方式下的数据传输。此外,2018 年,爱尔兰高等法院已将有关标准合同条款是否充分这一问题,提交给欧盟法院。因此,企业应该做好准备,并与业务伙伴达成一致,一旦有必要采用新版标准合同条款或采取其他预先行动,就应修改双方的相关合同。

2.29 ➢ **基于集团企业规则**(Binding Corporate Rules):对于集团内的数据传输,跨国企业集团可以选择遵守集团企业规则即提交一份保证在集团企业内部确保遵守欧洲数据保护法的文件或制度陈述。集团企业规则无法适用于非关联实体——如企业与客户、供应商、分销商、服务商、民事诉讼当事人、政府机关或其他实体——之间的数据传输。欧洲数据保护委员会已就企业需要在集团企业规则下涵盖哪些内容,才能把个人数据传输给数据控制者和处理者的问题,发布了指引。但是,与公布标准合同条款的做法不同,欧盟委员会尚未就集团企业规则发布任何预先批准的标准模板。

2.30 ➢ **加入欧盟—美国隐私盾项目**:当个人数据需要从欧洲经济区传输至美国时,还有一个独特的解决方式:美国企业加入欧盟—美国隐私盾项目,从而为欧洲经济区内的企业清除障碍三。根据欧盟数据保护法,美国企业加入该项目之后,就被视为处在一个提供了足够数据保护水平的司法管辖区,就同处在任何一个欧盟成员国一般。

2.3 合规机制对比

2.31 当企业决定解决障碍三而实现数据跨国传输时,应考虑不同合规机制的利弊,具体讨论如下:

2.32 **实质合规义务**:从 2004 年版标准合同条款(适用于将数据传输给数据控制者的情形)的制定,到 2010 年版标准合同条款(适用于将数据传输给数据处理者的情形)的推出,再到2016年隐私盾原则的出台,时间跨越了16年,包括美国商务部和国际商会在内的不少组织均对此有所贡献。每种合规机制都包含实质条款,旨在使美国企业遵守欧洲数据保护法的核心原则。同时,每份文件都采用不同的措辞和细节,因此它们对企业的影响也会根据企业商业目标和整体状况的不同而有所不同。例如,隐私盾原则具体规定了数据再传输的退出权、纠纷的解决过程和数据保留义务。而在标准合同条款中,尽管制定者认为条款应当被修改得更为具体,但目前对这些问题只有笼统性的描述。根据集团企业规则,企业也要承担实质合规义务,而具体如何承担,则取决于其与监管机关的谈判及争取到的结果。至于最近出现的其他一些合规方式如企业行为准则,其中所包含的具体实质合规要求取决于业界方案和数据保护机关在审批过程中的态度。如果企业依靠数据主体同意或履约必要性使数据传输合规,那么企业的实质合规义务应在呈交给数据主体的隐私声明和合同中予以定义。不过,按照国内法规则,这些条款的充分性可能还有赖于政府机关的审查和批准。

灵活性和可调节性:如果能够获得数据主体同意或与其签订合同,那么企 2.33
业就可以根据具体情况量身定制同意或合同的范围。这种合规方式具有很大的优势,可以让企业避免受制于标准合同条款、集团企业规则、欧盟—美国隐私盾项目、行为准则或认证机制等较为死板的监管框架。

但是,当且仅当在自由、明确、知情且不含糊的情况下做出时,同意才是有效的。此外,向欧洲经济区外传输个人数据,同意的形式必须为明示。但在实践上这些要求未必总能够得到满足。某些商业模式如云服务、软件即服务、存储数据或运营网站的外包服务商(他人向其提交的信息中可能包含欧洲居民的个人信息)并不与数据主体发生直接联系,因此无法直接获得数据主体的同意。有时候,“自愿”的要求可能也无法满足。例如,多数欧洲经济区成员国的数据保护机关认为,一般来说在劳动关系中用人单位和劳动者双方力量不对等,并由此推定员工的同意之做出是受胁迫的,而非自愿的。此外,欧盟

《通用数据保护条例》的序言也指出，如果数据主体和数据控制者之间存在"明显不对等"，那么数据主体的同意就不构成有效的法律依据。对"明显不对等"的解释，很可能包括多国数据保护机关对劳动关系的现有解释，但也可能扩张到其他领域如个人消费者与公司订立合同的情形。在某些情况下，获得数据主体的同意不是一种可靠的合规方案。多数企业也发觉难以获得和维持足够明确的同意，而技术、商业实践和目的的不断变化，又迫使企业频繁修订其隐私同意文件。欧洲数据保护委员会在指导意见中强调，企业只应在特定情况下依赖用户同意，而不应适用于常规个人数据跨境传输。此外，对于企业来说，还存在一个重要的顾虑，即数据主体可以随时自由地撤回同意。因此，在实践中企业往往不能或不愿依赖数据主体的同意确保跨国数据传输的合法性，至少不将数据主体的同意作为唯一的合规方式。

与此类似，履约必要性也并非总能够使数据传输正当化。有些企业为了强化数据主体的同意，额外创设合同义务产生某些数据传输的必要性。例如，与数据主体签订合同约定，聘用域外第三方向数据主体提供服务、信息或寄送实体物品，此时企业就能够以履约必要性为由，将其向域外第三方传输数据主体个人数据的行为正当化。某些法域的数据保护法，对在线订立合同的要求没有对获得数据主体同意的规定严格。不过，很多欧洲法域授权法院审查格式合同条款是公平的，而且审查标准比美国的法律和法理更为严格。

2.34 **区域范围与内容范围**：获得数据主体同意、存在履约必要性，是两种可适用于全部地域范围（geographies）的合规方式，适合用于跨域统一操作。但具体的适用范围（topical coverage）则难以统一，因为同意和履约必要性在某些情况下常常无法适用。比如对于人力资源相关事务，合同自由受到限制，劳动者同意的作出被推定为存在胁迫。同样，企业通常也缺乏与数据主体的直接接触——例如，它们向其他企业提供服务。即便是企业与数据主体存在直接接触，某些数据主体也拒绝同意或拒绝订立合同的商业模式。

签订包含标准合同条款的数据传输协议和数据处理协议，也可以使企业向欧洲经济区外的数据传输行为合法化。采用标准条款时,企业必须在数据传输协议的附件中提供数据处理做法、目的之相应细节。这要求企业需要为具体情形准备不同合同,从而导致积攒大量适用范围狭窄的传输协议,而非一套能够适用于全部地域范围和各种情形的完整规则。不过,也有一些企业认为,由于根据欧盟数据保护条例和国内法,不管怎样都必须准备数据处理活动的记录,所以可以接受每次准备数据传输协议的详尽附件。

集团企业规则、行为准则和和认证机制,在理论上可以提供一套完整的规则,覆盖任何法域和数据类型。但是,集团企业规则只适用于集团内部(关联企业间)的数据传输,不适用于企业与商业伙伴(如供应商、客户、分销商等)的数据传输。如有例外,也仅存在于这些非关联实体通过合同表示遵守企业定制的集团企业规则的情形。但是,如果与多家采用不同集团企业规则的企业存在业务往来,那么同时遵守多个不同的集团企业规则,无疑会招致难以承受的管理负担。而且,从逻辑上来说,企业可能也不想真正执行全球统一的集团企业规则,因为在其他法域适用欧洲经济区的数据保护规定未必合适或者划算。

欧盟—美国隐私盾项目框架适用于任何性质的数据传输,且既适用于集团内也适用于对第三方的数据传输。不过,隐私盾只能解决从欧洲经济区向美国传输数据的行为(或者通过美国将个人数据传往第三国的行为),而不适用于从欧洲经济区直接向美国以外的地区传输个人数据的行为。

执行过程和执行时间:通过在线点击的形式,同意书和合同承诺较为易于 2.35
准备和执行;但线下谈判、处理数据主体提出的顾虑和异议则会消耗企业大量的时间和精力。

对于集团内部公司来说,履行基于标准合同条款的数据传输协议一般并不算太麻烦,因为合同内容基本上是预先确定的,也有现成的各种主流欧洲语言译本(已有欧盟委员会提供)。但是,对于子公司众多或者结构特别动态(如特别热衷并购、剥离资产)的企业而言,履行数据传输协议更像是一项重大的负担;若各地分公司不愿配合,则情况尤甚。此外,尽管越来越多的成熟企业已了解标准合同条款的必要性,接受“官方”格式和措辞,但是在没有关联关系的业务伙伴之间签订标准协议,仍然很难。

可以说,执行集团企业规则的管理负担最重。企业必须从零开始设计集团企业规则的内容。尽管欧盟数据保护委员会已经发布了详细的指导意见,但是并没有任何官方范本可以借鉴,而公开的先例也无法完全符合所有公司的需求。

相比而言,在欧盟—美国隐私盾项目框架下,注册相对简便。在依照规定进行自我评估、准备相关的尽职调查文件之后,企业可以提交一个相对简单的网络备案。不管选择哪种合规模式,企业都应该做自我评估。事实上,标准合同条款也要求企业进行尽职调查工作,企业应该考虑种种复杂关系和影响,准备:(1)一位管理人员签署的关于合规和自我评估情况的声明;(2)第三方验证者或纠纷解决者进行的审查流程;(3)美国商务部和联邦贸易委员会对加入欧盟—美国隐私盾项目的申请和再转移协议的强化审查。

至于企业能够多么快速地利用新方式——通过经批准的行为准则或认证机构项目——完善合规,依然有待观察。在欧盟《通用数据保护条例》生效后的一年内,尚未有任何准则或项目被通过。

2.36 **持续管理**:欧盟—美国隐私盾项目要求每年进行重新认证。依据欧盟《通用数据保护条例》第 42 条的规定,认证机制最长不超过 3 年,可以续展。其他合规方式要求发生变化(如额外同意、变更合同或修改集团企业规则)时采取行动,无变化时不要求年度或例行行动。至于批准后的行为准则是否要求持续性管理,要视准则的具体内容而定。

2.37 **数据再传输**(onward transfers)。可供选择的不同合规方式,对企业将源于欧洲经济区内的个人数据再分享给第三方接收人的能力,会做出不同的限制,施加不同的条件。第三方接收人包括外部服务商、商业伙伴、政府机关(如涉及调查、诉讼和报告义务时)和其他非欧洲经济区关联企业(如位于北美洲、南美洲或亚洲的子公司)等。

➢ **基于同意的再传输**。基于有效同意或履约必要性接收欧洲经济区个人数据的美国企业即数据进口人,除了要履行在获取数据主体同意时所作之承诺,或者其与欧洲经济区的数据出口人另行约定的义务外,不再承担具体义务。若无合同义务,美国的数据进口人不会面临任何欧盟数据保护法的直接限制。当然,尤其是涉及员工数据传输时,在欧洲经济区设有子公司(数据出口人)的美国母公司(数据进口人),会受到子公司合规义务的间接影响。除非获得数据主体的必要通知且数据再传输属于事先同意或履约必要性的范围,否则欧洲的数据出口人不应该允许数据再传输。

➢ **基于标准合同条款的再传输**。签订标准合同条款的美国企业,将其接收到之个人数据再传输给第三方接收人时,必须原封不动地将其义务也传递给接收人。若接收人与美国企业属于集团内部的关联企业(in the intra-group context),那么这种义务的转移相当容易;但若二者没有关联关系,那么义务的转移就面临困难甚至无从实现。如在诉前证据开示时外国政府以调查为名要求读取来自欧洲经济区之数据、外国监管或执法机关要求强制提供来自欧洲经济区之数据、商业伙伴无须或不想受制于欧盟数据保护法等情形下,义务转移很难实现。不过,在很多跨国运营的企业对欧盟数据保护法的运作方式已不再陌生的背景下,签署采用标准合同条款的再传输协议似乎也变得越来越容易。由于标准合同条款只适用于将数据传输给数据控制者的行为,所以根据此条款,欧洲经济区外的数据进口人并没有明确义务要采取特定措施应对将数据再传输给数据处理者的行为。但是出于种种客观原因的考虑,欧洲经济区外的数据进口人也必须与第三方数据处理者签署与标准合同条款近似的再传输协议:第一,除非第三方数据接收人有合同义务仅仅代表数据控制人、为其利益并遵照其指示行事,否则第三方数据接收人并不能被认为是数据处理者;第二,根据标准控制者合同,数据进口人对其代理人的一切作为与不作为负责,因此数据进口人必须把合规义务通过合同传递下去,使第三方数据接收人分担商业风险。

➢ **基于欧盟—美国隐私盾项目的再传输**。注册了欧盟—美国隐私盾项目的美国企业,在将其接收的个人数据向第三方数据控制者传输之前,首先要履行向数据主体发出通知、为数据主体提供选项的义务。对于某些类型的个人数据,只要做到确保数据主体有机会选择拒绝提供就足够了。但对于另一些特定类型个人数据(如涉及健康、种族、民族、政见、宗教或哲学信仰、工会成员身份或性取向),必须获得数据主体的积极同意,才能向其提供"选项",除非关联公司之间事先达成内部数据处理机制,否则即使数据在集团内部传输也没有例外。

➢ **基于集团企业规则的再传输**。跨国企业采用集团企业规则,会导致其所有欧洲经济区外的企业实体都受制于这套规则,且集团内所有直接传输、再传输数据的行为都将被管辖。但是,集团企业规则并不能延伸到任何集团外的数据传输行为。因此,采用集团企业规则的企业向非关联企业直接传输或再传输数据时,依然要采取其他合规机制。尽管有的集团企业规则承诺,涉及个人数据再传输时,他们会要求第三方数据接收人采用与该集团企业规则相同的标准或对具体的数据传输行为采纳相同的标准,但是这种要求在实践中其实很难做到。因为供应商或其他非关联第三方不愿阅读、理解并承诺遵守另一企业量身定制的集团企业规则。

➢ **基于经批准的行为准则或认证机制的再传输**。经批准的行为准则或认证机制,要求位于第三国的数据控制者或处理者作出有约束力且可强制执行的承诺,保证采取适当的保障措施如保护数据主体权利的措施等。

2.38 **主动服从域外法律和域外管辖**:获得数据主体同意和履约必要性这两种合规措施,并未具体限制企业如何选择准据法或法域管辖权(但关涉消费者和员工的一般公共政策时除外)。而标准合同条款,要求数据接收人服从作为数据出口人的欧洲企业之所在地(欧洲经济区某成员国)的数据保护法和司法权的管辖,同时赋予数据主体作为利益相关第三方在其所在地法院请求执行相关数据传输协议的权利。至于集团企业规则,任何施行该规则之欧洲经济区成员国的数据保护机关,都可以在审批过程中提出类似的保护要求。此外,数据主体还可以尝试在美国法院请求执行标准合同条款和集团企业规则。

欧盟—美国隐私盾项目主要是美国法创设的产物。执法活动很可能主要发生在美国:美国商务部审查企业材料、处理质疑,还可能要求注册组织提交信息。此外,美国联邦贸易委员会是隐私盾项下违规行为的主要执法机关。至少在原则上,美国联邦贸易委员会、各州检察长和民事原告,都可以基于不正当竞争、虚假陈述或合同违约,就任何合规机制提出诉讼。美国和欧洲经济区的法院可以依据传统民事诉讼法行使管辖权。当欧盟—美国隐私盾项目涉及人力资源数据时,美国企业还须配合欧洲经济区数据保护机关的审核工作。

执法风险:关于标准合同条款和集团企业规则,目前尚无公开的执法行 2.39
动。在为数不多的涉及数据传往欧洲经济区外的执法案例中,欧洲数据保护机关目前的做法倾向于处理数据出口人(无论如何都有义务完全遵守本地数据保护法的欧洲经济区内的企业实体)。同时,欧盟委员会正在对标准合同条款本身的有效性进行审查。欧盟委员会有可能根据其需求主动修改标准合同条款,也有可能为了回应欧盟法院而做出修改,就如同它在回应安全港项目时一般。

另外,在安全港项目和隐私盾项目时代,美国联邦贸易委员会采取过20多次执法行动,参与该项目的企业在欧洲也受到过针对该项目本身的质疑。美国商务部和联邦贸易委员会已承诺,对欧盟—美国隐私盾项目的执法,将适用比安全港项目更加严格的标准。对隐私盾项目本身的质疑预计在欧洲发生。因此,考虑到安全港项目的前车之鉴,一些美国企业担心选择加入隐私盾项目,会比采用其他合规方式承受更大的执法风险。

公共关系和商业利益:在美国安全港项目实行的最初几年,参与该项目的 2.40
美国企业无不在官网上对消费者做大肆宣传、在其隐私合规白皮书极力标榜、在发给其欧盟员工的企业通信中热烈庆贺其数据保护合规行为,也因能够在投标书的个人数据保护栏“打勾”而获益。随着时间的推移,美国安全港项目在欧洲受到越来越多的批评,美国企业在注册安全港项目的公告中就不再那么高调了。在过去,专门从事为他人存储或处理数据的美国企业(如外包服务商、软件即服务公司)一般会注册安全港项目;在未来,这些美国企业很可能会注册欧盟—美国隐私盾项目,同时其客户不太会把注册视为企业的一种超乎寻常的努力或优势,而将其视为企业的一种理应如此的行为。位于美国的云服务商或处理服务商大概也不会担心注册隐私盾项目,因为欧盟—美国隐私盾原则和欧盟数据保护法对其提出的实质合规要求,并不比其他服务协议施加给他们的承诺更多。位于美国的数据处理服务商一般也会同意基于标准合同条款的数据处理协议。没有受到客户要求注册欧盟—美国隐私盾项目压力的美国企业和不想将自己的合规方式公之于众的美国企业,可以选择暂不加入隐私盾项目,仅采用数据传输和数据处理协议即可。

2.41 **稳定性:**欧盟委员会和美国商务部每年都对欧盟—美国隐私盾项目进行一次审核,有时可能会对具体内容进行重新协商。标准合同条款正在接受审查,并已受到法院的质疑。集团企业规则的具体要求一直在演进。行为准则和认证要求依然在确立过程之中。数据主体可以随时撤回自愿接受数据处理的同意。目前看来,没有一种合规方式可以提供较高的稳定性。但是,一旦企业的具备法律约束力的公司规则获得批准,它将不会受到标准合同条款或欧盟—美国隐私盾项目的潜在挑战或变更的影响。

2.42 **跨国协同互通能力和非欧洲经济区数据:**大多数总部位于美国的跨国企业,并非仅需应对来自欧洲经济区的法律关于个人数据合规要求,还要面对其他法域因不断颁行或修订数据保护法而产生的额外的或不同的合规要求。仅注册欧盟—美国隐私盾项目的美国企业,不能将该隐私盾直接运用于其他法域关于个人数据保护的规定,因为该项目仅适用于个人数据从欧洲经济区传输至美国企业的行为。不过,参与该隐私盾的企业可以借用该项目下的自我评估和隐私通知。获得数据主体同意、数据传输和处理协议、集团企业规则也可以被借用到很多其他法域。基于标准合同条款的数据传输协议或数据处理协议,经过修改在其他地区也能适用。

形式要求:欧盟—美国隐私盾项目的首次认证和年度再认证,要求企业提供一份经高级管理人员签署的形式合规声明。参与隐私盾项目的企业信息会在美国商务部管理的网站上予以公布,即使企业退出该项目后,该信息亦予以保留。 2. 43

基于标准合同条款的合同及变更协议,须经企业授权代表签字方可生效,但授权代表并不一定是高级管理人员。很多跨国企业通过集中的委托授权书帮助签署常规的合同变更,如企业地址变更等。合同的内容无须公开披露。

各国关于集团企业规则、行为准则和认证的签署、公布和其他形式要求各不相同。欧盟委员会则会公布已获批准采用集团企业规则的企业名单。

总结:当我们比较数据跨国传输合规方式的种种利弊时,通常难以找到通用的最优方法。每个企业(包括企业内松散的每个业务单元)都必须评估自身的数据流、商业需求和风险敏感性,并做出选择。这会导致企业为不同的业务线、数据类型或特定情况选择不同的合规机制。对于允许消费者通过点击推送的通知和同意书的互联网企业来说,获得数据主体同意是最简单、最理想的方式;但在雇佣关系中,由于存在申报时被数据保护机关质疑、员工可以否认或撤回同意从而导致推行全球数据库的方案被搁浅之风险,获得主体同意的方式显然不够理想。对于拥有数千特殊目的子公司的金融服务商来说,协商集团企业规则所产生的行政管理负担,要比签署并更新数以千计基于标准合同条款的数据传输协议要轻一些。有些企业对集团内的人力资源信息传输和客户数据传输采取不同的合规措施。还有些企业,出于客户需求选择注册欧盟—美国隐私盾项目,但对其他业务线采用其他合规方式。 2. 44

2.45 从欧洲向域外传输个人数据的合规机制

表3　从欧洲向域外传输个人数据的合规机制比较

话题	数据主体同意、履约必要性	基于标准合同条款的数据传输协议	欧盟—美国隐私盾项目认证	集团企业规则
是否对各国的数据保护机关具有约束力	否。各国的数据保护机关可以质疑数据主体的同意以及企业与数据主体所签合同的条款、形式表现、接受机制等	是。但是各国的数据保护机关可以审查协议附件	是	须经当地数据保护机关批准。2018年5月欧盟《通用数据保护条例》生效后，集团企业规则在整个欧洲经济区均有效力
地理范围	无限制	无限制	仅适用于从欧洲经济区向美国传输个人数据的行为和美国企业接收到该数据后向第三国再传输的行为	无限制
实质范围	无限制	无限制	无限制	仅适用于数据在集团内互相传输，不适用于数据在企业与客户、供应商等之间的传输
再传输	无限制	数据的第三方接收人也必须签署标准合同条款	数据的第三方接收人必须也获得该隐私盾认证，或者签署合格的再传输协议，或者以其他合规方式确保数据的充分保护	取决于经数据保护机关批准的集团企业规则的具体内容

续表

话题	数据主体同意、履约必要性	基于标准合同条款的数据传输协议	欧盟—美国隐私盾项目认证	集团企业规则
准据法和管辖权	未规定	数据出口人所在地的法律和司法机关	服从美国法律和司法机关,受联邦贸易委员会监管,员工数据须配合欧洲经济区数据保护机关的监管	取决于经数据保护机关批准的集团企业规则的具体内容
数据出口人必须遵守	数据出口人所在地法律			
除所在地法律外,数据进口人必须遵守	其在隐私通知中做出的承诺(作为进口人的合同义务)	数据出口人所在地法律	欧盟—美国隐私盾原则	集团企业规则
灵活性	高	无	无	低——无事先设定的条款,但保护机关在批准过程中采纳的标准较高
实施时间、成本	极低(通过在线方式实施时尤其低)	低(协议模板通常无须修改即可采用,但是必须填写附件内容)	中(自我评估、撰写通知)	高——需要保护机关批准
维护成本	通常来说极低(情况有变化时需要更新)	极低(情况有变化时需要更新附件)	中(每年要进行再次认证和再次自我评估)	极低,除非情况有变化时必须要重新申请政府批准

续表

话题	数据主体同意、履约必要性	基于标准合同条款的数据传输协议	欧盟—美国隐私盾项目认证	集团企业规则
公共关系利弊	均无	均无	极小的	没问题,可能给企业带来公关的积极影响,尤其是当规则被专家们研读时
是否有助于向客户销售服务	否	是	是	如果客户依赖于集团企业规则,则有可能

2.4 执行

2.46 一旦选定合规方案,注意力就要转移到执行层面。工作任务会取决于所选择的合规机制。本节内容介绍,面对将个人数据从欧洲经济区传输到欧盟委员会尚未宣告数据保护充分之国家的情况,应当怎样具体执行合规机制,随后第三章会提供更多关于不同合规机制如何准备各类文件的指引。

2.47 **基于数据主体同意的数据传输:**根据欧洲法,有效的同意必须满足数据主体自由、知情、明确且以书面形式作出的条件。在大多数情况下,企业可以通过电子邮件的方式和点击接受格式同意书的过程满足书面形式的要求,管理起来也不麻烦。为了满足明确和知情的要求,企业必须向数据主体提供详细的通知,将同意与一个清楚定义的数据处理方案(而非指向笼统且可随时变更的"隐私声明")联系起来。

2.48 **基于法定义务或合同义务的数据传输:**如果决定基于履约必要性或法律必要性使个人数据传输合法化,那么必须确认相关的合同或法律确实导致该必要性。企业可以影响某些合同义务的创设,以支持履约必要性。例如,企业可以在供消费者点击接受的合同或其他形式的合同中表明,出于履约或配送目的,其会将消费者的数据传输给其他法域的业务伙伴;或者把消费者的联系方式传送给关联企业,以便后者为消费者提供产品或服务的重要信息(这类信息可能会包含类似营销邮件的内容)。企业必须谨慎对待各法域中关于不公平的合同条款和格式合同的法律问题,因为大多数法域的法律规定涉及消费者合同中令人惊讶的、不公平的条款无效。

基于标准合同条款的数据传输:决定采取标准合同条款使跨国数据传输合法化,必须采用不可更改的合同范本,并补充关于企业自身和数据的具体信息。具体可以采取如下实施步骤: 2.49

➢ 梳理数据流。准备一份简要提纲,列出从欧洲经济区传来的数据类型、数据来源地、数据传输的目的;识别欧洲经济区外的数据接收人之具体属性:是数据控制者,还是数据处理者?是关联企业,还是非关联的第三方? 2.50

➢ 找到合同范本。(在网络中搜索"欧洲数据保护法标准合同条款"就可以找到欧盟的官方网页) 2.51

➢ 如果数据接收人位于欧洲经济区外,且被数据控制者聘为数据处理者,我们可以采用针对把数据传输给处理者的2010年版标准合同条款。 2.52

- 准备一份清单列出欧洲经济区内的数据控制者、欧洲经济区外的数据处理者、数据处理者的分包商。标准合同条款预期数据控制者与每个数据处理者单独签订双边协议,而分包商则通过声明等方式加入双边协议。创建多个数据控制者将数据传输给一个或多个处理者的框架协议(将所有控制者一起定义为"出口人",将所有处理者定义为"进口人")也可以。
- 位于非欧洲经济区的"数据进口人"、数据处理分包商在签订标准合同条款前,需要确认其能访问数据的所有合约对方和分处理者同样能够接受该标准合同条款。
- 填补空白(如序言中的空白、在签字行签字等),删去脚注。不要修改标准合同条款的主文(否则会触发欧洲经济区各国数据保护机关的额外审查和自由裁量权)。

• 制作附件。引用现有的信息安全政策作为附件即可,但其合规性仍需根据相关数据保护法规定进行审查。

2.53 ➢处理将个人数据传输给欧洲经济区外的数据控制者即为自身利益控制和使用数据者之行为,我们可以从 2010 年版或 2004 年版的标准合同条款中择一使用,这两个版本对所有欧洲经济区成员国均具有约束力。两个版本之间差别不大,不过大多数企业认为 2004 年版略为灵活,也对业务更加友好。但只有 2010 年的版本涉及数据处理者条款,并对欧洲经济区成员国具有约束力。

2.54 ➢两个不存在关联关系的企业签署基于标准合同条款的数据传输协议时,通常还会签署商业协议处理彼此间的其他关系。此时,所有的商业协议均应提及该数据传输协议,并确保在涉及数据主体权利和救济方面存在条款冲突时,数据传输协议具有优先效力。至于不关涉数据主体而仅涉及企业之间权利义务的商业条款如义务条款、风险和责任分配条款等,企业可以约定其效力优先于标准合同条款。

2.55 ➢数据传输协议签署后,一旦情况有变,双方必须修订协议,必要时还须执行补充协议。跨国公司通常要管理数十份乃至数百份数据传输协议,因此为求操作便利,会授权合同主管可以仅替换合同的个别页面并予以更新(无须重新签约),也可重签一份更新后的完整合同。为了跟进最新的合同版本,笔者建议企业通过文件夹和电子文件对合同版本进行管理,制定清单列明所有合同、更新状态及实签副本。

2.56 **依据欧盟—美国隐私盾项目认证的数据传输**:采用安全港路径可以在 www.privacyshield.gov 网站上找到操作指南。主要步骤如下:

2.57 ➢美国企业应通过如下方式对遵守隐私盾原则的情况进行自我评估:准备数据库描述清单,制定涉及个人数据传输和共享的合同,检查数据安全要点清单,并提供一份关于落实每项隐私盾原则之实际做法的综述报告。在这个过程中,还可检查企业遵守其他隐私原则和法律的情况,如安全港原则(若企业基于安全港项目从欧洲经济区收集个人数据,则应遵守该原则)、欧盟《通用数据保护条例》原则(要求企业记录数据处理活动和可问责义务)和其他法律法规。

➢ 此外,还应确认其与数据供应商所签合同、涉及个人数据传输或处理之其他协议满足合规要求,对不合规的合同应进行修订。个人数据处理服务商已签订并履行(针对将数据传输给数据处理者的)2010 年版标准合同条款的,应该满足甚至超过隐私盾原则的要求。 2.58

➢ 准备发送给欧洲数据主体隐私通知时,最好严格依照欧盟委员会对欧盟—美国隐私盾项目所做充分性判定中"通知原则"部分的标题结构来撰写。 2.59

➢ 员工收到欧洲雇主发来的"员工隐私盾通知"时,可能会同时收到来自美国公司的隐私通知。一些跨国公司为图方便,尝试向世界各地的雇员发送唯一而统一的隐私通知。但更好的做法是按照合规项目分别准备隐私通知:按照欧盟—美国隐私盾项目的要求,准备美国企业的隐私通知;按照欧洲数据保护法的规定,准备欧企的隐私通知。分开操作能够凸显法律实体及其数据处理目的和实践之间的不同特性,帮助处理法律规定和企业实践的国别差异,有助于强化公司架构以服务于不同的税务、商业和风险控制目标。另外,当法律规定发生变化时,分开操作的隐私通知修改起来更为灵活。 2.60

➢ 通过在网站主页发布"欧盟—美国隐私盾通知"(如放在隐私陈述旁或在隐私陈述内设置链接)的方式,企业可以通知到所有的数据主体。该通知的撰写也应该依照欧盟委员会对欧盟—美国隐私盾项目所做之充分判定中"通知原则"部分的标题结构进行。 2.61

➢ 选择纠纷解决方式(解决数据主体在没收到或不接受企业回应的情况下且在向联邦贸易委员会投诉前能够如何申诉的问题)。就像涉及人力资源的数据时必须与欧盟数据保护机关合作一样,很多企业对其他数据类型也选择与监管机关合作的方式,以免除额外措施。其他纠纷解决渠道包括仲裁、消 2.62

费者保护协会、商业认证机构。有些企业认为第三方认证机构的名称或标识有助于提高消费者的信任度。此外,鉴于隐私陈述及其更新越来越受到消费者保护机构和监管部门的关注,很多企业愈发重视来自审核隐私陈述的专业机构的意见。另一些企业则不愿寻求太多的审核,他们担心把每次隐私修订交由第三方审核太昂贵也太麻烦(有时隐私通知的修订稿可能已经经由内部和外部律师、市场部、内控部等审核过)。

2.63 ➢企业需由一位管理人员签署确认依法完成自我评估的声明。该声明通常但并非必须由首席隐私官(chief privacy officer)、首席信息官(chief information officer)或首席技术官签署(chief technology officer)级别的高管签署,很多企业授权其他代表人签署自我评估声明和管理隐私盾认证。

2.64 ➢通过美国商务部网站提交认证申请并支付申请费或再认证费。此外,通过电子邮件或普通邮件亦可提交认证申请,只不过这些方式处理起来更为复杂:企业必须考虑提供哪些信息、不应提供哪些信息;相比之下,在线认证过程的操作更为简便。

2.65 ➢确认每12个月进行一次自我评估并提交再认证申请。提交首次认证申请后,设定再认证的日程提醒(差不多在首次申请之后的9个月或10个月),并将申请认证续期时需要就时效性、准确性进行审核及确认的全部相关信息、文件整理到一个文件夹中,以便相关负责人员使用。

2.66 ➢**基于集团企业规则的数据传输**:选择这种合规方式的企业,可谓勇于尝试的业界先锋,因为鲜有集团企业规则能够成功获得政府批准,作为实现跨国数据传输的合规方法。采用集团企业规则包括如下步骤:

2.67 ➢梳理数据流、数据库,列出企业集团内的数据控制者和处理者(集团企业规则不适用于非关联关系企业间的数据传输)。

确定集团企业规则的适用范围:是仅针对来自欧洲居民的个人数据,还是覆盖所有的个人数据?适用于所有的个人数据,将会形成一套全球统一的规则;但如果其他法域的法律不要求或不鼓励这种做法,则可能产生不必要的风险和冲突。

➢ 起草集团企业规则的初稿。草案可以参照欧盟数据保护委员会的标准合同条款或者少数已被批准的其他企业的具备法律约束力的公司规则。 2.68

➢ 准备申请以及编订有关组织数据保护计划的相关文件,以供数据保护主管机关进行咨询、审查和可能面对的审计。 2.69

➢ 为客户、服务提供商和其他业务合作伙伴制订员工培训计划和条款。 2.70

2.5 来自欧洲经济区外国家和地区的数据传输

一旦为个人数据从欧洲经济区传往其他法域选定并实施了一种或数种合规机制,通常就可以将这些信息收集、决策结果和文件适用到其他法域。欧盟委员会已宣告瑞士等国家总体上具备了充分的数据保护制度。瑞士也大体上接受了欧盟认可的数据跨国传输的各种合规方式,但只适用于个人数据从欧盟向美国传输的欧盟—美国隐私盾项目除外(不过与之前美国安全港项目在欧洲实行时的做法一样,瑞士可能批准一个类似项目)。在美国和欧洲以外的其他大多数国家,数据隐私法的规定并不因数据传输是否跨国而有所区别,因此我们可以采用隐私通知和获得同意的方式应对这些法域内的数据传输和涉及该法域的数据跨国传输。对于越来越多的国家和地区而言,法律规定企业对数据跨国传输采取额外的保护措施,但并未发布或要求采用具体机制或范本以供遵守。在对跨国数据传输未作具体限制的国家,应该考虑基于合同、通知和同意的解决方案。为监管较松的法域准备文件时,可以参考为欧洲法域准备的通知、同意书等文件,因为大体上各个法域所要求传达的信息大同小异(尽管详尽程度会有所不同)。不过,大多数企业不会用欧盟标准合同条款作为其他法域数据处理协议的底稿。对于位于欧洲经济区以外且无欧盟"数据保护充分"判定国家的企业来说,采用标准合同条款既非强制要求,也不会获得奖励,反而会带来重大的风险、责任和义务。 2.71

2.72 2004 年,亚太经合组织(Asia - Pacific Economic Cooperation,APEC)的 21 个成员就隐私框架和跨国隐私规则(cross-border privacy rules,CBPR)达成协议。截至 2019 年 7 月 1 日,共有 8 个国家和地区(澳大利亚、加拿大、日本、墨西哥、韩国、新加坡、中国台湾地区和美国)实施了该规则,且仅有 23 个跨国企业获得认证。该体系的吸引力是否会增长,还有待观察。跨国企业有兴趣也乐于支持世界各国的数据保护法律体制迈向一致与融合。如果认证能满足合规要求,那么企业就会考虑获得认证。但是,不同于欧洲经济区成员,亚太经合组织的成员并未严格禁止跨国数据传输,仅规定数据的跨国传输必须获得政府的正式批准。因此,相比在欧洲需要跨越欧洲经济区数据保护法设立的重重障碍,对于企业来说在亚太地区获得亚太经合组织体系下的跨国隐私规则认证,要轻松容易很多。

2.73 在表达对该项目的支持之前,企业必须慎重考虑实际能够达到的项目要求。2016 年,美国联邦贸易委员会对一家公司开出了罚单,因为它宣称参与了亚太经合组织跨国隐私规则体系,但实际并未获得亚太经合组织授权机构的认证。

第三章 撰写数据隐私合规文件

准备创建隐私法合规的各种文件前，需要考虑两个基本问题：

➢ 为什么创建文件？

➢ 读者是谁？

回答完这两个基本问题后，就可以动手准备提纲并继续考虑另外两个基本问题：

➢ 制作文件时，应该考虑哪些内容、形式、结构要求和因素？

➢ 制作文件时，应该避免落入哪些圈套和陷阱？

本章首先解答前两个问题，而答案会决定企业是否有必要创建文件；随后，针对如何撰写文件给出指导并提示应考虑的因素。

3.1 为什么创建文件

一般来说，企业倾向于尽量不创建文件，因为起草、审阅、执行和维护文件 3.01
需要消耗资源。此外，公开发布的文件可能会限制企业使用个人数据。而且当企业未能遵守记载于书面文件中的承诺和陈述时，民事案件的原告和监管部门还会借机采取行动。

企业创建数据隐私相关文件，一般是出于 3 个主要目的：法律要求、市场 3.02
需求和组织内需。

➢ 法律要求：为了符合法律规定或者为了享受某些文件所带来的法律上的好处。

➢ 市场需求:为了相应的市场需求(如来自消费者、供应商或员工的需求)

➢ 组织内需:为传达和记录某企业内部的规则、指示和限制。

有时,准备一份文件或许能实现多个目的,这么做效率可能最高。但一般来说,最好为每个目的单独创建文件,因为集中关注特定目标总是很重要的。

3.03 **法律要求**:如果我们的目的是满足某项具体的法规规定,首先应该认真分析该规定的法律渊源、适用范围和构成要件。例如,许多美国加州法律对企业做出了具体规定:隐私声明应如何发布,必须涵盖哪些内容,如何组织内容,采取哪些术语,以及何时更新隐私通知。又如,美国联邦贸易委员会鼓励企业在网站隐私声明中披露如何处理消费者数据,但这项规定的范围不包括那些仅面向企业客户、不与消费者在线接触的企业。这类企业出于某些原因决定发布隐私声明时,应该认识到这不是法律的强制要求,他们关注的焦点应该是为何选择这么做(如为了满足市场预期)。

同样,如果创建文件的目的是借此享受某种好处,那么我们应该查阅相关的法律原文,做深入的分析。例如,某国法律要求企业向该国境内消费者发送营销邮件前,应获得其积极同意。如果企业想遵守这条法律,就应该重新阅读相关法律的原文,评估企业想发送的邮件是否属于营销邮件,必须向消费者提供哪些信息,如果消费者不同意或撤回同意时可以怎么做、又应该怎么做。然后评估合规行为(如获得消费者的同意)所产生的负担和缺点是否大于计划行为(如邮件营销)带来的好处。有时候合规行为的潜在的好处远远小于其所带来的麻烦。

隐私法一般不要求企业在隐私政策中明确承诺绝不分享客户数据。有些企业认为主动作出不分享数据的承诺有利于获得更多消费者的同意,而另一些企业则相信消费者根本不会阅读或不想了解隐私通知。明确承诺不分享客户数据,在未来潜在的商业模式下,以及涉及并购、破产时,严重限制企业数据库的价值。

至于关于通知、同意相关规定的法律渊源，不应仅考虑成文法，还要考虑企业对业务伙伴和数据主体本身承担的合同义务。

市场需求：想要实现商业目的，企业首要应（或要求利益相关部门）弄清楚具体的商业目的是什么，未达成目的会招致何种负面结果，达成目的能带来哪些好处。即使没有充足的时间和资源对此展开深入研究，至少要对预期收益和负担做最初步的分析。企业往往直接借鉴竞争对手或行业标杆的做法，而不仔细分析这种做法背后的原因，也不对所借用的模板进行利弊评估。这种遵从“最佳实践”取代缜密分析的做法并不可取，因为所谓的乃至被滥用的“最佳实践”是基于别人家的情况产生的，而别人家的情况很可能与我们的情况完全不同。例如，对于不同的商业模式如免费内容和订阅内容，客户的预期会存在差异。又如，消费者可能不会特别在意音乐文件存储的安全性，但却会格外关注信用卡信息和家庭照片的安全性。另外，服务对象的类型不同如初创公司、大型上市公司、受监管行业，商业服务提供商面临的审查程度也不同。虽然任何企业都或多或少受到竞争者和行业做法的影响，但在制定文件实现某种市场驱动目的前，务必要了解竞争者和行业的情况。 3.04

一定要把握好必须或想要满足的最小需求是什么，以及超出该最低要求是否会给企业带来任何好处。如果文件中出现不针对具体需求或正当原因的表述如“特别注重消费者隐私”“采用最先进的安全技术”等“营销话术”，那么企业可能会因此遭受损害。因为通常来说这类表述既非法律要求，也难以轻易证实，但却非常容易引起民事原告（权利人）的质疑。

组织内需：如果创建文件是为了在内部传达企业的运营指示，那么要认真考虑和定义接收该种指示的受众是谁。很多企业制定冗长的隐私和安全政策，涵盖从员工档案管理到软件更新安装等方方面面的内容。这些文件名义上是面向所有人的，实际上则无人关心。员工不太可能会阅读或记住这种臃肿的文件，反而喜欢也更容易接受简短、明确、易操作的实务规程。这类规程应当按具体部门或员工群体有针对性地制定，且最好在最接近他们应遵照执 3.05

行的时间和地点予以送达。例如,涉及网络安全的警告应该在用户接入私人设备或远程访问企业网络时弹出,而锁定保存纸质员工档案的提醒最好展示在文件夹上和档案室内。创建企业内部操作规程时,还要考虑哪些规程在实践中能够被切实遵守。如果企业发布自己实际上无法遵守的规程,则有可能面临来自员工和那些主张因信赖规程的安全措施而产生合理隐私预期和利益之第三人的指控。为了降低这种风险,可以在规程中加入免责条款,声明该文件仅为内部指示,企业无意使任何人且任何人也不得基于对该文件的信赖产生任何权利或隐私预期。但无论如何,设立那些会被遵行的操作规程无疑是最佳方案。

3.2 读者是谁

3.06 解决完“为什么创建文件”这个大问题后,我们就应该确定文件的读者是谁。只有对读者群体具有明确的意识,才能选用合适的语言风格,评估哪些细节问题需要加以详细解释、哪些细节可以默认读者已知,并决定哪些内容需要加以强调。

3.07 例如,写给监管部门或律师阅读的文件,最好使用精准的法律用语。在起草文件时,应该把具体的法律文本或其他法律渊源置于案头,以备确认法律对文件内容、结构、术语、形式和送达的最低要求。此时,我们可以推定读者是熟知法条的,并将关注的重点放在与法律要求相关的具体事实和情境上。不过,写给消费者或非法务部员工的文件,最好首先初步解释相关背景作为引文,并采用日常用语来传达信息。又如,在企业间的商业流程外包协议中,可以采用明确定义的“客户”和“供应商”等词语;但在企业网站使用条款中,还是最好写成“您”和“我方”等日常词汇。

3.08 为满足营销需求或向员工传达与数据处理和隐私问题相关指示而起草文件时,应该根据具体需求确定文件的内容、结构、术语、形式和送达通知。我们应该使用读者熟悉的语词,从最重要、具体读者群可能最不了解的内容开始写作,并在文件目标意图最紧密的时间和地点传达该文件。举例而言,想吸引潜在消费者基于企业先进的数据隐私和安全特点而选择企业产品或服务的文件,应该出现在广告、产品介绍和消费者浏览产品时会阅读的材料中。相比之下,隐私声明或服务条款并不适合用作营销目的,因为大多数潜在客户和实际客户并不会认真阅读它们。但是,民事原告的代理律师和监管机关对此则会认真研读,而且这些文件中任何营销性语言的出现都可能导致不利于企业的结果。此外,如果文件的目的是希望员工遵守关于私人电话和互联网使用的企业规则,那么我建议对此采用在员工电脑上弹出提示窗口的形式向员工送达该文件,而不是把该文件埋藏在冗长的政策陈述、标准合同条款或厚厚的员工手册中。政策陈述等文件可以支持企业对员工做出纪律处罚,但是一般而言,实际上很难发挥避免员工做出违规行为的作用。因此,我们必须考虑在何时、何地以及如何最有效地把信息传达给读者群,对此,多种新旧媒介包括实时弹出屏幕、视频和音频弹窗、交互小问答、警示符等传达方式都可以采用。

在文件标题中指明读者群,往往有助于最有效地达成文件目的。如果企 3.09
业的“隐私政策”并不指向某一个读者群,那么就反思一下该文件究竟是为了通知谁:隐私主体、监管机关,还是其他读者?(如果读者群是全体员工,考虑一下是否将该文件改名为“致全体员工的隐私通知”)如果从文件本身无法判断文件目的或读者群,那么很有可能是企业根本就不需要这份文件。

3.3 文件类型与示例

大多数企业对数据隐私相关文件分类如下:

➢ **通知**,即企业披露其数据处理相关措施的文件如员工或病人的隐私 3.10
通知、网站隐私声明。通知的主要目的是满足法律要求,其读者为数据主体。

3.11 ➢ **同意书**，即企业寻求以某种方式处理个人数据的许可如发送营销电子邮件。同意书的主要目的是满足法律要求，其读者为数据主体。

3.12 ➢ **协议**，即包含关于数据处理的承诺和许可之内容的协议如企业与数据主体或企业与数据供应商的服务协议。某些协议仅为满足法律合规要求（如《健康保险便携与责任法》下的业务伙伴协议、欧洲法下的数据传输协议），另一些则同时带有商业目的（如保护分享给数据服务商的重要数据）。协议的读者可以是数据主体（如与消费者的协议）、业务伙伴（如供应商、客户），还可以是员工（如数据安全承诺、任命数据保护官）。

3.13 ➢ **操作规程**，即关于如何处理和保护数据的指示。规程通常服务于组织运作的需求，其读者通常为员工或签约商。

3.14 ➢ **数据提交表**，即企业允许或请求提交信息的文件如数据主体请求、消费者反馈、调查、求职者问卷、账户注册页面、指明沟通偏好或提交侵权投诉的网页表格等。这类表格可以实现法律、营销和组织运作目的，其读者群也随之相应变化。

3.15 ➢ **描述性文件**，内容涉及企业内部政策、数据安全措施、数据处理活动、合规自我评估、安全设计分析、数据保护影响评估，以及尽职调查工作。描述性文件可用以实现法律目的（如满足欧盟《通用数据保护条例》或欧盟—美国隐私盾项目的数据记录要求）、营销目的（如应对客户提出的提供数据安全措施信息的要求）和组织运行目的（如记载方法决策的政策声明、内部审核报告），其读者群也随之相应变化。

3.16 ➢ **提交给政府的报告**和其他出于法律目的向数据保护机关申报的材料，读者群仅为政府机关官员。

3.17 **文件标题或名称**：企业、立法部门和监管机关各自采用不同的文件术语体系。具体而言，“政策”一词通常指称通知（如网站隐私政策）、办事规程（描述企业如何开展调查的流程）和政策陈述（如记载机构因各种原因而决定采取的合规方式）。不确定如何称呼某一文件时，可以考量法律、行业实践或读者预期的倾向。如果没有其他决定性的因素,文件名称最好与相关法律要求一致。例如,美国加州法律和欧盟—美国隐私盾项目都要求企业提供文件告知数据主体如何处理数据,但在前者中,该文件的名称为"网站隐私政策",而在后者中,该文件的名称则为"通知"。不管最后将文件的名称确定为什么,都应该确保文件的名称或标题不会掩盖文件的目的和读者群。千万不要模仿那些"政策"文件,似乎有时连起草者都不清楚它们的目的和读者群。如果一个标题为"政策"的文件中混杂着吸引眼球的营销用语、企业内部指示和对外告示,这通常意味着该文件没法实现目的或传达给目标读者群。一般来说,法律并不要求企业制定无所不包的数据隐私政策,但很多企业依然创建宽泛和抽象的政策文件,在其中声称满足客户需要、符合"所有国内外法律和行业标准"、执行"最先进"的数据安全措施和做法来收集、使用、分享和保存数据。这种文件不仅超出了法律规定,而且通常会太过冗长和抽象,无法指引员工做出某种具体行为或者向数据主体送达有效通知。但是,民事原告和监管机关却可以利用这些文件针对企业采取法律行动。

示例:不同企业的文件制作需求各不相同。表 4 中的文件不是每个企业 3. 18
都必备的,同时还有一些企业需要的文件没有列出。不过,对于刚开始接触数据隐私领域的企业来说,不妨按照表 4 逐一筛查是否已制定这些文件以及需要增设哪些文件。

表 4 数据隐私合规文件一览

类型	标题	受众	首要目的
通知	网站隐私声明	网站访问者	满足法定通知要求
	客户隐私通知	消费者客户	
	通话监控提示	通话者	
	关于工作文件、电脑监控、举报热线的员工隐私通知	员工	满足法定通知要求(如在欧洲)或者消除隐私预期(如在美国)

续表

类型	标题	受众	首要目的
通知	数据安全事件通知	客户、员工	扩张数据处理权，保留简历数据
	应聘者隐私通知	职位候选人	满足法定通知要求，减轻损害
	欧盟—美国隐私盾通知	员工、其他数据主体	满足法定通知要求
同意书	直接营销	客户、潜在客户	获许发送营销电邮、简讯
	员工同意	员工	满足法定要求或扩张雇主权利
协议	保密协议、数据安全协议	独立个体承包人、员工	确保个人数据安全，禁止第三方违约，确保数据所有权，满足合规义务
	基于标准合同条款、《健康保险便携与责任法》、支付卡行业标准（PCI）的数据传输和处理协议	数据处理者	确保个人数据安全，遵守从欧洲经济区跨国传输数据的限制
	任命数据隐私官	数据隐私官	满足法定要求，定义其任期、权力、职责和限制
办事规程	计算机使用政策	全体员工	满足组织要求如禁止个人数据过度使用和滥用、指导安全操作、消除或降低隐私预期
	信息安全政策	信息安全部	设定安全措施、技术、流程，满足法定义务

续表

类型	标题	受众	首要目的
办事规程	数据访问政策	信息技术部和用户群组如使用全球人力资源信息系统的人力资源部、采用客户关系管理系统的销售部	设定数据访问限制的技术,设定分配数据访问权限的流程
	数据保留政策	信息技术部、用户群组	在诉讼持续期间禁止文件被销毁;规定数据的最长或最短保留期限
	直接营销政策	销售部、市场推广部	根据反垃圾邮件法或公司政策限制营销通信
数据提交表	内容投诉	第三方权利人	若网站管理人提供了内容移除流程,则其责任可豁免
	在线注册表	消费者、员工	数据采集
描述性文件(主题文件)	欧盟—美国隐私盾下的自我评估文件	监管部门	满足欧盟—美国隐私盾原则的法定要求
	隐私安全陈述	消费者	满足市场需求,对服务提供商尤为如此
	合规项目简介,关键文件和决策者的清单和位置,先前合规评估范围的概要(如法域、服务商和被评估的服务)	数据保护岗位负责人及其继任者、开展尽职调查的第三方(如并购交易时)	高效管理合规项目、职责移交、稽核、尽职调查
提交政府的申报文件	声明、报告、授权申请等	数据保护机关、其他政府机关	满足法定要求

3.4 通知

一般来说,从通知开始着手准备或审阅数据隐私合规项目文件的做法比较好。其原因如下:

➢ 我们发现,世界上大多数国家的隐私法都把“通知”规定为最低标准。

➢ 如果不按要求发出通知,数据主体和监管机关很快就会发觉该缺失并采取行动。

➢ 对通知的要求常常覆盖企业大多数的数据处理和业务活动,包括人力资源、销售和供货安排。因此,通过梳理通知能够了解企业运行全景,而企业运行全景正是其他隐私合规工作有益的基础。

➢ 通知是创建其他文件的前提条件和组成部分。例如,获得知情通知前需要先发出通知。某些政府申报,也要求必须附上已发出的通知。

企业在隐私通知中具体披露哪些信息取决于其想要满足的具体法律规定。下面几段内容是一些典型法律规定和总结,希望能帮助大家更简便、更快捷地找到、理解和把握相关法律规定。不过,我建议大家最好还是要核对相关法律法规的官方正式文本。

3.19 **通知要发送给谁**?根据欧洲式数据保护法、欧盟—美国隐私盾项目、美国式行业法[如:HIPAA 和 GLB]、劳动法和消费者保护法,企业必须告知数据主体处理个人数据的情况。多数企业必须把通知发送给三个或四个人群:

➢ 企业员工(如关于通过人力资源信息系统或其他方式的集团内数据分享、计算机使用监控、举报热线等);

➢ 企业网站的访问者(如关于在线访问追踪);

➢ 企业客户、分销商、供应商和其他业务伙伴的自然人代表(此时大多数企业收集工作联系方式,且未提供隐私通知,并假定数据主体对于数据的使用是知晓的;但有时企业的销售人员会记录一些敏感信息如娱乐偏好、教育背景、私人情况等；同样，包括《加州消费者隐私权法》在内的一些隐私法律要求对假定数据主体对数据的使用是知晓的情形，推定采取非歧视性的隐私通知）。

➢ 自然人客户（如付款、订单和其他与客户相关的数据，以及企业在提供医疗保健、电信和其他服务时可能收集到的个人数据）。

通知应当由谁来发布：服务商（数据处理者），还是企业自己（数据控制者）？偶尔，企业在其网站隐私陈述中描述将数据处理活动销售给服务商代理的细节。例如，提供商业云计算解决方案或软件即服务（如客户支持门户或员工福利申请）的企业，在其网站隐私陈述中，可能不仅描述收集网站访问者数据的做法，还会阐述其数据处理服务如何运作、如何保障数据安全。这种做法不仅没有必要，而且通常也不合适。对于云计算或软件即服务解决方案而言，服务商（数据处理者）仅仅作为客户（数据控制者）的代理人，代表客户处理数据。是否将数据处理行为告知个人数据主体（如数据控制者的员工或客户）是数据控制者的事情。直接将通知发送给数据控制者的员工、客户或其他数据主体，对于数据服务商来说没有好处，反而可能使数据服务商遭受如下不利后果： 3.20

➢ 容易使数据主体认为其作为数据控制者需要承担责任的感觉（如服务商在出于数据访问和更正目的处理数据时，不可能不违反其与数据控制者签订的服务协议）；

➢ 将自己暴露在对数据主体承担直接责任的风险下；

➢ 违背数据控制者发布的通知（可能导致误解并引发相应责任）；

➢ 自我设限，导致无法根据数据控制者的要求向其提供定制服务。

数据控制者不应该任由服务商（数据处理者）发出通知。数据处理者应该是发出适当通知的主体，通知内容中应包括由服务商从事数据处理活动的信息。服务商可以协助准备通知，但是其客户和数据控制者需要通过合同和审核来确保服务商的行为符合客户在隐私通知中的表述。总体而言，企业在告知数据主体的隐私通知中应当谨慎对待其控制之下的一切数据处理活动(不管该数据处理活动是由企业自己做出的,还是通过服务商进行的)。

3.21 **创建常见的隐私通知需要注意哪些问题**?处理以数据主体为读者的隐私通知,一般要涉及下列要点:

3.22 ➢ **发布通知的主体是谁**?一般来说,通知中需要写明发布者的正确名称。某些法律还规定通知中应写明发布者的物理地址,以及数据主体的特定联系和通信渠道(例如,《加州消费者隐私权法》提供了免费拨打的热线电话号码)。即使法律没有这种明确的规定,提供充分信息指明通知发布者的做法仍然值得考虑,如写明通知发布者是跨国企业集团的某个具体法律实体的做法,要比笼统地以品牌名称为通知署名要好得多。让集团的全部或若干实体同等承受一份隐私通知所描述的限制,对于企业集团来说并非最佳选择。各国法律和数据主体的预期均有所不同。如果企业让其所有的法律实体适用同一份通知,则该通知必须满足所有法域关于同意或通知的规定,且一旦某一个法域的法律或市场需求出现任何变化,就要做出相应的调整(相反,为不同法域中的法律实体分别准备通知,则当该法域的法律发生变化时,仅调整这一份通知就足够了)。通常,适用于某法域的通知必须翻译成当地的语言才有效。由于税务方面的原因,一个实体未必有权在法律上代表其他实体作出承诺。根据相关数据保护法,不同实体间也未必能够自由分享数据。某些相关的披露只适用于集团内的某个实体(如只有美国企业才能加入欧盟—美国隐私盾项目)。

3.23 ➢ **接收通知的对象是谁、范围多广**?为了有针对性地告知相关数据主体,通知必须明确是针对哪些群体而发,涉及哪些行为范围。以网站隐私陈述为例,如果该陈述对范围和受众含糊其词,那么企业员工和其他数据主体或许会在与网站无关的场合引用企业的网站隐私承诺。又如,在企业依据欧盟—美国隐私盾项目而发布的通知中,如果未明确受众仅为欧盟的数据主体,那么来自美国和亚洲的客户和员工可能会基于虚假陈述和不正当竞争而起诉企业。

➢ **企业收集的数据类型是什么？** 法律一般要求企业提供其所收集之数据的足够具体且完整的清单。如果企业在数据主体未积极参与或不知道的情况下（如通过互联网 cookie、在线追踪、隐藏视频监控、通话录音、射频识别标签的途径或者通过其他技术监控形式）收集数据，那么应尽量提供数据的详尽信息；而对于数据主体主动提交的数据，企业应提供的信息可以相对简略（如列出数据的大致类型，或者因为信息是由用户在空白表格中主动输入的，所起只需提醒数据主体该信息会被企业获知即可）。很明显，对于数据主体自主选择（如通过可自由输入的文本框、电子邮件、社交网络页面或自由存储方案）提交的数据，企业无法事先提供更多的细节。尽管如此，企业应该按照《加州消费者隐私权法》披露其处理的所有数据类别的个人信息，并使用规定的术语。 3.24

➢ **企业收集数据的目的是什么？** 如果企业收集数据是出于履行其与数据主体所签合同的义务，或者为了遵守相关法律的规定，可以直接写明。但是如果企业收集数据是为了营销、改进服务或产品、监控数据主体行为（如检测和惩罚违反公司规则的员工或用户）等，那么必须提供额外的信息。如果使用数据的目的随着数据类型的变化而有所不同，我们可以在收集数据时作出解释，如在网页问卷的每个数据框边加上“我们为何收集此信息”的链接。抽象而笼统地说“出于正当商业目的收集和使用数据”或“根据法律要求收集和使用数据”并不适于告知数据主体，一般也不应出现在法律所要求的通知中。可能的例外情况是，除非监管机关自己也使用、推荐或接纳这种粗略的表述。有时候，由于担心未必能够预见未来的数据需求或者机遇和不想浪费经年积累下来的数据，企业希望减少对收集数据目的的限制并尽量保障其灵活性。不过，一般来说就算为保留未来灵活性而采用无所不包或范围开放的措辞也不管用，仍然没法满足未来的通知要求。这类笼统的语言反而会显示企业没有充分披露当前的数据用途或者筹谋中的未来的数据用途。 3.25

3.26 ➢**企业收集的数据将与谁分享？**如果想与其他数据控制者分享数据，使该数据服务于该控制者的营销或其他目的，则可能需要获得数据主体同意。为了妥善告知这类同意，需要提供数据接收者身份及其数据处理做法和目的之细节。笼统地提及“可信的业务伙伴”或指向广告网络的宽泛政策陈述，在某些法域有可能有效，因为这种通知向数据主体传达出了“通知发出者会很广泛地分享个人信息”的意图；但是，在欧洲数据保护法或在《加州消费者隐私权法》下却不行。因为在集团内关联企业间分享数据一般也不能豁免。换句话说，即使企业将数据分享给其关联企业，也必须向数据主体提供该关联企业基本身份和其数据处理方法的具体信息。在实践中，关联企业之间满足信息披露要求更为容易，因为企业可以陈述其关联企业也遵守该通知中列出的类似规则。如果企业与服务商分享数据且该分享与数据主体有关（如数据主体会直接与服务商互动），那么应当披露数据分享之事实，并可以考虑指明关键（类型的）服务商。通常，数据主体并不会特别留意企业以何种形式以及具体由谁——如交由法定员工、委托给独立的个人签约方、外包给服务商——处理数据。这几类不同的主体在可靠、能力和谨慎程度上都差不多。因此，涉及服务商处理数据时，企业不必提供关于服务商的特别详细的信息。与此类似，在通知中声称企业会“依法”披露数据，不是一种实现有效告知的做法。但如果企业要向执法部门披露信息，应该先评估是否可以、是否必须对该具体披露行为发出特定通知。在隐私通知中笼统地确认有被强制披露的可能性，并不足以构成对数据主体的充分告知。但是，企业应该在通知中让数据主体知道：企业是否会在没有法律强制要求的情况下经常或主动与境内外执法机关分享个人数据，抑或企业仅在法律强制规定的情况下与境内政府分享个人数据。这对数据主体而言十分重大，对此企业的基本准则应该披露。

在某些法域，还需要披露额外的细节，包括：

3.27 ➢**数据位于哪里？**根据欧盟《通用数据保护条例》，企业必须要披露数据是否会传输到欧洲经济区外，以及欧盟委员会是否已经认定传输目的地已经符合充足数据保护的要求。

➢ **数据存储多久**？在某些情况下，数据主体对数据保留期限存有合理疑虑，因为某些数据何时被删除可能非常关键。例如，一旦曾经的求职记录被雇主删除，或者犯罪、违章的公开记录被抹掉，求职者或许就能够向同一位潜在雇主再次提交申请。同时，网络服务用户仅能在服务商尚未删除数据时（如已删除邮件或短信、博客帖子、位置数据等的备份副本）访问和使用这些数据或者利用这些数据为其服务。正因为数据保留期限很受关注，所以企业有披露数据保留期限的必要。然而，目前大多数企业只是相对模糊地表述“数据保存于正当商业目的期间”或者“按相关法律规定保存数据”。这类陈述虽然常见，但没有提供有用的信息。这很可能是因为鲜有企业已经能够执行强有力的记录留存和删除制度。如果企业对数据存储和删除期限提供更多的细节信息，需要谨慎措辞，关于去身份、去关联或屏蔽等并非实际删除数据的系统设定，避免出现误导性的说法。 3.28

➢ **数据主体可以如何读取、更正或删除有顾虑的数据**？越来越多的法域要求数据控制者允许并实现数据主体访问与其自身相关的数据，提出更正或删除数据的请求。一般来说，企业需要符合执行细节要求，如怎样允许把法定权利告知数据主体、如何处理请求以及是否收取费用。如果想实现最小化数据访问需求，企业可以决定只在法律明确规定应告知数据主体权利的法域明确谈及该话题。但是，如果不对这类需求提供明确的沟通渠道、规则和联系方式，企业可能会收到来自数据主体的杂乱无章、难以处理的需求，实际上反而会导致行政负担。因此，即使在没有上述法定要求的法域里，很多企业在隐私通知中也会明确谈及数据主体对数据的访问需求。同时，有些公司通常也会提到收费的可能性，规定线上或线下应提交的表格，要求数据主体提供充分信息以便高效处理其需求。 3.29

根据欧盟《通用数据保护条例》，企业还要在隐私通知中说明其他各种细节，包括外国数据控制者在欧洲经济区内代表的身份，数据保护官的联系方 3.30

式,数据处理的法律依据(可以被解读为要求引出法条的章节和分章节),为使数据处理正当化而主张正当利益的描述,任何把个人数据传往欧洲经济区外的意图和欧盟委员会对每个目的国是否已作出充分保护判定的信息,为跨国数据传输而采取之保障措施的信息,如何保障以及在何处获取措施副本,数据主体享有的请求并实现数据删除、数据更正、数据转移、任意撤回同意、向数据保护机关投诉等权利的信息,提供个人信息是否出于法律规定、履约必须或者出于签订合同的必然要求,数据主体是否有义务提供个人信息以及未能提供信息可能存在的后果,是否存在自动化决策的信息包括画像和"所涉及逻辑的有效信息以及此类处理对数据主体的意义和可见后果"。如果企业在通知中写明欧盟《通用数据保护条例》罗列的全部强制披露的细节,实际上可能无法满足通知简明易读的要求(除非通知是明确写给数据保护官或者隐私法教授看的)。在实践中,很多企业可能宁可牺牲易读性,也要尽可能在通知中包罗更多的内容,因为隐私通知中缺失某些强制信息话题时,一旦遭遇审核或执法,是很难针对相关指控进行抗辩的。相反,如果欧洲经济区内的机关或个人投诉该通知太冗长、晦涩、不堪阅读,企业是可以抗辩的,只要回应说他们是在严格履行欧盟《通用数据保护条例》即可。根据该条例,企业必须提供高度技术化的细节信息如对个人数据传入的每一个法域是否已被欧盟委员会"做出充分保护判定"等,单单这一话题就可以在打印出来的隐私通知中轻易占去一两页。

3.31 位于欧洲经济区外的数据主体发觉欧盟《通用数据保护条例》和《加州消费者隐私权法》规定的很多细节和解释无关紧要,并因此兴趣索然。企业在非欧洲经济区发布的通知若包括同样信息,则可能违反当地法律关于通知应简明扼要的规定。因此,企业应考虑在全球网站或移动站点上为欧洲经济区或加州之内的数据主体发布单独的隐私通知或者补充隐私通知,如可采用在写给全球所有数据主体的真实而简要的隐私通知末尾或在文中加入超链接,也可展示分层次的隐私通知,从一系列简明、易于阅读的重要披露开始,再加上链接指向具体话题或不同法域的额外信息，供读者自行选择是否点开阅读。

跨国企业害怕为每个国家准备不同的隐私通知会导致额外的资源和管理以确保越来越多的隐私通知保持准确和更新。但值得注意的是，各法域对通知内容、形式的不同规定只是需要企业发布不同的隐私通知，但不导致企业变换数据处理的做法。大多数企业可以在全球范围内采取相对统一的数据处理做法，而不管需要在多个法域的隐私通知中如何描述这些做法。 3.32

通常，企业还会在隐私通知中包含一些既非法律要求又不应当纳入的信息。 3.33

➢ **营销话术和善意声明**如“我们认真对待隐私”“您的隐私对我们很重要”或者“我们采用最先进的数据安全措施”。这类陈述并不会向数据主体提供任何有效信息，反而授原告律师和监管机构以口实，指责企业实际上并未充分尊重数据主体的隐私权益或未能遵守法律。

➢ **重述法律义务**如详细引用隐私法内容。仅有少数法域要求企业告诉消费者企业的行为受哪些法律管辖，即便有这样的要求，往往也仅涉及消费者权利（如要求删除、更正、转移数据以及如何投诉）方面。如果法律没有明确要求，那么把相关法律条文纳入隐私通知只会徒增篇幅，并使数据主体更难抓住与具体情形相关的信息披露。

关于通知形式和送达的规定：很多法律要求企业必须以书面形式发出通知。纸面通知当然没问题，但如果数据主体可以轻易下载和保存通知内容，通过电子邮件或网站发送通知一般也可以。有时企业实际上不可能送达书面通知，如为对通话中心质量控制而对通话录音的情况，这时书面通知的形式要求往往能够被免除。一般来说，企业不需要数据主体积极确认收到通知，但有些企业为了保留证据以防数据主体或监管机关在争议中主张通知未送达，要求数据主体做出确认。有时虽无法律规定通知需要获得数据主体确认，但若确认能带来其他好处，也值得企业考虑。例如，在美国，企业可以通过向员工 3.34

或消费者发送通知来消除其“合理隐私预期”。此外,企业还能设计数据收集过程,把通知展示给所有数据主体,从而证实数据主体必定收到,如在线弹出通知、在通话录音前提示或要求来访者或员工进入视频监控区域前在前台签字确认等。

3.5 同意

3.35 有些法律绝对化地规定,企业在开展某些类型的数据处理活动之前必须获得数据主体的同意。例如,根据美国联邦法律(HIPAA 隐私规则),如果想要超出法定许可范围使用可识别的个人健康信息,医院必须获得患者符合条件的某些授权。根据欧洲数据保护法,企业在发送营销邮件或在消费者电脑上置入 cookie 前必须要获得同意,除非属于某些例外情形。哥伦比亚和俄罗斯也总体上规定获得同意,只有很少例外。当遇到这种绝对化的法律规定时,企业只有两个选择:获得同意,或者放弃受限的数据处理活动。

还有一些法律甚至更加严格,一律禁止某些数据处理的形式,不论数据主体同意与否。例如,根据美国加州 1971 年的某项法律(宋—比弗利信用卡法案),零售商不得存储信用卡持有者的个人信息,除非属于有限的例外情况——不论是否信用卡持有人同意与否。如果遇到这样的法律,企业必须放弃从事这些受限的数据处理活动,获得同意甚至不是解决方案之一。

不过,除同意绝对必要或绝对不足的情形外,企业常常面临是否可以或者应该获取同意的抉择。例如,根据欧洲法律,企业可以用获取数据主体同意克服对自动信息处理的一般禁止。作为获取同意的替代方案,企业还可以与数据主体达成协议,只要在协议中约定可以进行数据处理或者判断是否可依赖于某一“正当利益例外”。在实践中,这些替代方案不见得全都真的可行。利益权衡过程中含有大量的主观决断,至于合同约定某些数据处理安排是否为“必要”也常有可争辩的空间。同时,很多国家的法律尚未制定具体的数据隐私或数据保护法,当地律师常常建议企业获得数据主体同意,以此防范基于一般侵权法或模糊的宪法原则而遭到数据主体质疑的风险。

在决定“为防万一”而获取数据主体同意前,应该解决如下问题:

➢ 法律是否限制数据主体同意的效力、效果或范围,法律是否为获取同意设置了麻烦的形式或实质条件? 例如,企业在与儿童打交道时,必须另外获得儿童家长的同意。 3.36

➢ 获取并追踪数据主体的同意是否很容易? 例如,用户(成年消费者)通过网上注册并购买商品时,用户点击即可确认同意,对于企业来说,确认该同意也不太费力。但如果同意仅能通过纸质文件获得,那么双方的负担就会增大很多。如果获得数据主体的有效同意过于困难,对于企业来说还不如不要,但绝对、明显需要数据主体同意的情况除外。 3.37

➢ 是否存在任何反对企业获得该同意的政府机关、工人委员会或其他机构? 例如,欧洲数据保护机关和员工集体代表因质疑员工遭受胁迫,常常谨慎看待企业雇主获取员工同意进行数据处理的行为。在雇主企业需要获得全体员工的同意方可使某些项目(如部署网络安全工具、运行全球人力资源信息系统或外包薪酬管理)成功的情境下,这种顾虑不无道理。但还存在一些员工确实可以定制系统或选择福利的情况,此时雇主企业寻求员工同意似乎是完全正当的。例如,在美国母公司向欧洲子公司员工授予股票期权的情况下,员工可以轻易拒绝这种可选福利,避免个人数据被传输。尽管如此,一些欧洲数据保护机关推定企业获得的员工同意无效,企业需要考虑其他合规方式避免与监管部门的碰撞。 3.38

➢ 寻求数据主体的同意是否存在扰乱现有商业关系的风险? 一般来说,企业向员工或商业伙伴索取一些东西时,他们会期待从企业获得回报。如果企业提供一项福利且希望获得的同意与该福利具有合理的相关性,通常会轻易获得数据主体的同意(如向员工提供额外的差旅保险,为此目的需要与保险公司分享员工的个人数据)。但当一项数据处理活动不会使数据主体获益 3.39

甚至有可能损害其利益时（如计算机监控或某些直接营销），企业就很难获得同意。因此，企业需要考虑可以提供什么促使数据主体自愿配合。

3.40 ➢如果数据主体拒绝同意，企业可以做什么，又将做什么？如果无论如何都必须继续执行这项数据处理计划，那么寻求同意可能不是一个合适的选择，除非企业能满足于该项计划仅针对给出同意的数据主体。

3.41 ➢如果数据主体撤回给出的同意，企业可以做什么，又将做什么？如果无法接受事后撤回同意，那么可能一开始就应该寻求不要求获得数据主体同意的其他合规方式。根据欧洲多数国家的数据保护法，数据主体可以自由撤回同意。但企业在合同中约定数据主体撤回同意后应赔付由此给企业造成的业务中断损失、损害和成本费用的自我保护做法，却经常受到质疑。

3.42 ➢需要扩张或修改数据的处理或使用方式时，企业是否准备好再次向数据主体寻求同意？如果在不必要的情况下获得了数据主体的同意，就为数据主体创造了真实预期——甚至是合同义务——在使用数据的情形发生改变时，会再次联系数据主体并获取其同意。

➢寻求数据主体同意是否牵涉其他法律制度、审查和管辖权？例如，德国消费者保护机关可以根据德国法对不正当合同条款采取行动，其中就包括同意声明中引述的隐私陈述。

3.6 获取有效同意的方法

3.43 如果企业决定获得数据主体的同意，那么就要判断获得同意必须满足哪些法律要求。例如，根据欧洲数据保护法，当且仅当同意是数据主体“自愿、明确且知情地表示除对其个人数据处理的同意”时，才有效。如果涉及“特殊类型的个人数据”（“敏感个人数据”），同意还必须是“明示”的。如果企业还考虑向非欧洲经济区跨国传输数据，同意必须“不含糊”；关于对数据追踪（cookie）的同意，还必须满足对“处理目的”提供“清晰且完备的信息”时才有效。

一旦判断出适用规定，就要留意法条和合同里的这些关键词：

➢ **事先**。关于同意的法律通常暗示企业必须在实施同意指向的行为发生之前先获得同意，但也有一些法律明确作出规定要求“事先”同意。 3.44

➢ **知情**。一般来说，数据主体必须接收到充分的信息来作出知情的决定。对于同意在知情方面的考量因素和通知差不多。 3.45

➢ **书面**：有些法律规定手写或符合条件的数字签名，甚至还要见证和公正；根据一部 1981 年颁布的加州隐私法案——《加利福尼亚医疗信息保密法》（Confidentiality of Medical Information Act，CMIA），企业必须获取不小于 14 磅字体的书面同意或者数字打印同意。不过，如果没有规定明确的形式要求，同意也可以通过口头或电子方式获取——从证据角度来说后者更佳。 3.46

➢ **自愿**：有些法律明确要求只有数据主体自愿做出的同意才有效；即使未明确提及自愿，多数法律也不会认可在胁迫下表达的同意是有效的。因此，关键问题是数据主体拒绝或撤回同意会遭受什么不利后果，是否这种压力会致使同意无效。例如，医院里的患者或者试用期间的员工往往比网游玩家承受大得多的压力，为降低同意被认定非自愿（从而无效）的风险，企业应该清楚告知数据主体拒绝或撤回同意的后果，并判断这些后果是否达到不必要的严重程度，是否能被减轻（如为不愿同意的数据主体提供其他业务模式、服务或价格）。 3.47

➢ **明示、积极、不含糊和类似表述**：这些描述性词汇要求同意必须由数据主体采取积极行动而做出从而被接受。例如，注册时未取消默认同意选框或未响应弹窗的数据主体，被推定为默示同意者。但如果法律规定同意必须明示、积极或不含糊地做出，那么数据主体的不作为通常无法满足要求。为了满足这些额外要求，企业不得不请求数据主体签署声明、点击按钮或者采取其他积极动作宣示同意。 3.48

➢ **明确和类似表述**：这些词汇往往涉及同意的范围（如限定特定的数据 3.49

控制者、数据主体、数据类型和处理目的,否则就是宽泛和不明确的)或企业制定之同意书的焦点(如限定数据处理,或涵盖各种合同条款、项目利益、技术功能、使用推荐等)。

3.50 ➢ **分别或可区分**:有些法律——包括美国 HIPAA 和《公平信用报告法》(Fair Credit Reporting Act,FCRA)规定企业必须采用单独文书——而不能与其他声明“捆绑”在一起——获取数据主体的同意。根据欧盟《通用数据保护条例》,企业必须采用清晰可区分、可读懂和易于访问的形式并采用清楚、平实的语言,请求数据主体的同意。

3.7 选择加入、选择退出及中间地带

3.51 消费者、员工和大多数其他数据主体几乎不会自行规划或塑造同意的范围或条款。通常,企业和政府准备标准同意书并推送给数据主体,使其通过预先设定的形式、程序给出同意。这种做法即使数据处理基于同意而展开,也易于确认同意是否获得。如果企业没有按照预先设定的方式而是通过电话访问或当面对话等方式获取数据主体的同意,不可避免会面临解释和记录获取同意过程之困难。

3.52 **同意机制示例**。在确定采用某种方法前,应该先审视相关法律规定以及数据主体可以宣示同意的诸多如下操作方式(按大概的可明示程度由高到低排序):

(a)在明确告知相关数据处理行为的纸质材料上签名。

(b)在线点击明确数据处理行为的两个可选框,其一表示数据主体确认已理解同意之范围,另一表示数据主体确认愿意做出同意(也称法式双重点击过程)。

(c)在线注册后,回复系统自动发送的邮件,完成确认程序,表示数据主体已阅读、理解同意请求并愿意做出同意(也称德式双重加入过程)。

(d)在线勾选明确告知数据处理行为的未默认选择的选框。

(e)在通话中被问及是否同意通话监控或录音时明确回答"同意"。

(f)签名或勾选未默认选中的选框以同意包含已预先设定同意书的合同条款(如在线银行服务协议、汽车租赁协议、免费网站使用条款等),有如下多种实现方式:

(Ⅰ)为了满足欧盟《通用数据保护条例》和其他相关法律的要求,数据隐私同意书可以放在长文件的开头或结尾,单列在一行字体大写加粗的标题下;但是,在实际操作中,常常把数据隐私同意书放在长文件的中间位置,无须设置特殊格式引起数据主体注意。

(Ⅱ)含有同意书的文件可如此展示:

1. 放在独立窗口中,使网站访问者必须将鼠标下滑到底才能进行下一步操作;
2. 放在同一相关页面"同意"按钮的上面或下面;
3. 放在单独的网页上,使数据主体可以通过同意按钮上面或下面的超链接进行访问;
4. 在主网页底部设置名称为"数据隐私"或仅"法律"的普通文本链接指向单独网页,将同意书放在该单独网页上,注意网络用户在主网页其他位置进行的表示同意的交互操作均与同意书无关。

(g)完成在线注册或其他流程而未取消网页上展示的默认选框。

(h)收到通知(如隐私陈述的链接)后选择完成在线注册或其他流程,而根据该通知数据主体可以选择退出某些数据处理活动如数据共享或电邮营销(如重新设置网络账户内的"联络偏好"选项或发送退订要求)。

(i)收到致电人、通话中心话务员或预录语音关于接听者可以要求该通话不得"为质量控制或培训而录音或监控"的通知,但未提出该不得录音或监控之要求且继续通话。

(j)收到数据主体可以退出某种数据处理活动(如营销邮件)的及时、显著、明确的通知,但未采取任何行动。

(k)收到数据主体可以退出某种数据处理活动的一次性或者一年一次的通知,但未采取任何行动。

3.53 还有一种可适用于前面所有情形的重要替代方法,即在建立关系(如注册新的在线服务或作为接受在线求职申请的前置条件)之前或在履行完毕合同(如数据主体已在商店中购买软件,在安装软件时弹出确认同意的提示)之后向数据主体推送同意请求。

3.54 **最低要求**。在所有这些情形中,都可争辩说数据主体宣示了同意。因此,如果法律仅仅要求数据主体同意而没有规定其他关键词,那么我们可以任选其中之一。

3.55 **选择实施方式**。对于会对数据主体造成不利影响或者使数据主体无法预见不利影响的数据处理活动,企业应该考虑采取更加显著的同意机制(在清单中靠前的方式)。即使法律没有严格要求,企业遭受质疑的风险依然更高。反过来,对于数据主体无甚影响或者获得数据主体同意后效果很明显(如网站设置 Cookie 支持站点功能)的数据处理活动,企业应该仅采用不太显著的同意机制。对于一切数据处理活动无差别地采用"中间道路",不可避免会导致消费者不满并招致不良的商业影响,或者导致消费者变得麻木:如果大多数同意提示都无关紧要,他们就会不再阅读隐私通知,而是不假思索地点选"接受"。当必须要获得数据主体的有效同意时,消费者的漠不关心反而会损害同意的有效性。

3.56 **默示同意**。很多法律体系一般认为沉默和不作为不得作为暗示同意。因此,前面清单中的第(j)项和第(k)项往往并不足以构成同意。尤其在数据主体已经同意了某些条款,而后续通知构成数据控制者单方变更条款的情况下,沉默或不作为更不太可能被认为是同意。在这种情况下,除非企业一开始就明确且有效地保留以通知形式单方变更数据处理做法的权利，沉默才有可能被认为是同意。很多企业在使用条款中保留变更数据处理做法的权利，尤其是对免费服务，但有些国家的消费者保护法认为企业这种宽泛的权利保留可能无效。

肯定、明示同意。很多监管者、评论者和律师不加讨论地宣称，如果相关 3. 57
法律要求“肯定”（affirmative）或“明示”（express）同意，企业就必须呈现默认不勾选选框才能获得数据主体的有效同意。其实，这个问题还尚未经法院充分评判，因此在接受这种说法前，应该认真考虑相关法条的措辞，权衡所有实施方案的利弊。在日常用语中，“肯定”和“同意”可以被当作同义词，都表示“赞同”、“正面答复”或“表示可以”。但当“肯定”和“同意”连用时，那么“肯定”一词肯定还表达了“同意”之外的意思，“积极同意”要求数据主体采取积极和故意的行动来宣示同意。类似的，“明示”一词意味着数据主体采取积极和故意的行动而非采用可能被解释为默示同意的方式传达同意的意思。除了前面第（j）项和第（k）项之外，数据主体都采取了积极行动并表示同意。因此，在从第（a）项到第（i）项的情况下，数据主体都可被认为已经积极和明示地表达了同意，只要数据主体接收到足够显著的同意请求，完成注册或下单可以构成对同意请求的答复。

在第（f）项至第（i）项的情形中，数据主体同时对数据处理活动和交易或 3. 58
关系的其他方面作出明示同意，对此监管部门和法院可能会提出质疑。但严格来说，用一个行为表示对几个事项的同意并不使同意不够“明示”或“肯定”。如果数据主体在注册过程中看到一个大幅、显著并显示有诸如“您是否真的同意我们处理您的个人数据——请认真考虑，仅当您真的确定时再点击下一页”等文字的警告页面，那么此时数据主体宣示同意看起来比选中一行勉强可见的小字边上的选框表示同意要更加“明示”和“肯定”。话虽如此，如果选用第（a）项至第（e）项之中的方式，要求数据主体对数据处理明确给出单独有针对性的同意声明，就可以避免监管部门或法院所坚持的对存在法定“肯定”和“明示”条件的同意做出单独声明的风险。

3.8 获取数据主体同意后的注意事项

3.59 除获取积极同意外,企业还可以选择采取额外行动来核实并确保数据主体确实理解情况且同意出于真实意愿。一般来说,企业并非必须采取额外行动核实数据主体做出积极同意时的真实意图,且向数据主体反复确认其同意可能也会引起误导和感到厌烦。不过在某些情况下,尤其是在涉及创新和复杂技术、服务时,出于对普通用户无法预见或可能错误、片面理解某些功能、形态的担忧,企业仍然觉得多做一点有好处。如果这些误解会导致损害,那么企业可能遭受监管审查和诉讼。例如,如果社交媒体平台运营方能够向数据主体发送实时提示(如"您真的想把本照片发送给全体好友,而非您正在回复的信息之发送者吗?"),那么社交平台上的公共丑闻或许就可以避免。相反,如果智能手机上以照明为目的和功能的"手电筒"应用额外收集位置数据,则会让人质疑,令人觉得不必要、不合预期。一项应用越新颖、越复杂,对于用户来说——即使企业一开始就向用户进行全面披露并获取其积极同意——就越难读懂和理解其对个人数据隐私的影响。

企业如能在数据主体使用应用的特定功能时实时提供简明扼要的额外跟进提示,那么用户更可能理解具体场景,从而做出是继续使用应用、还是退出应用的知情决定。如同微软会在新版软件中配置"办公助手"功能提醒用户某些选项和效果一样,在线服务提供商可以在流程中设置通知和提示更好地服务用户。为避免烦扰用户,每个通知或同意弹窗可以包含退订选项,使用户可以选择不再接收未来提示,例如,在涉及主动定位追踪之时,企业可以奖励那些愿意参与关于隐私的简单测试或简要培训的用户,以改善和确认用户对其已经同意的数据处理活动的理解。例如,一家叫 Zynga 的社交游戏公司出于教育用户目的推出一款游戏(隐私镇),用户完成关于平台隐私功能的小测试后能免费获得游戏点数。运用音频和视频教程也可以教育不喜欢通读通知的用户。如果网速有保障,这种方法在移动场景下也会很有效,因为小屏幕常常会削弱书面通知的有效性,预期用户在小尺寸移动屏幕上阅读长篇文本显然不够合理。

对于软件平台——如智能手机和平板的移动应用平台来说,运营方若能创建使用户可以更快理解和掌握的标准授权类型,这将提供额外帮助。因为这些标准设定可以全面适用到全体应用,不仅可以通过单个应用的隐私通知查看,还可以在设备的系统设置中看到。在美国加州政府的压力之下,主要平台提供商同意了标准化授权设置,为"隐私默认设计"树立了榜样。 3.60

3.9 起草同意书时的其他考虑因素

将通知并入同意书:通知书和同意书常常看起来差不多,因为在获得数据主体知情同意之前,企业必须对计划中的数据处理活动的细节作出充分通知。因此,准备同意书时,通常也必须准备通知书或引述现有的通知书。企业常常链接到网站隐私陈述作为隐私通知的模板要素。但这么做未必总是合适的,因为网站访问者的情况和使用规则常常不同于其他数据主体。因此,企业应该首先审视想要引述之通知中的全部陈述是否真的适合眼前的情况。同时,如果仅将隐私通知的部分内容适用于请求数据主体同意具体数据处理活动,那么该内容应该在整合宽泛的隐私通知文本中被强调标示出来。一份通知书若囊括或引述太多不相干或不适用的细节,其有效性——是否构成有效同意的基础遭到法院和监管部门质疑就不足为怪了。 3.61

表述目标明确的同意:起草同意声明时,必须决断是必须获得某项特定活动的明确和明示同意,还是想要获得一切数据处理活动的广泛同意。要想获得明确和明示的同意,应确保同意书覆盖到具体数据处理活动的各个关键方面。 3.62

例如,想要获得消费者同意企业发送营销电邮,可以在网站或纸质表格上

呈现一个选框并附带下列文字:

□是,请依照网站隐私陈述(超链接指向隐私陈述)将产品和服务新闻用电子邮件发送给我。

3.63 如果仅仅通过一般网站隐私陈述获得数据主体的同意,并在其中埋藏一些宽泛的营销活动描述,那么企业可能未必满足同意必须要"明示"或"明确"的要求。而且,在寻求对隐私做法的同意时,企业可能会触发额外的法律规定、救济措施和管辖权如德国的消费者保护部门(负责执行关于不公平合同条款的国内法,否则企业必须尊重其他欧洲经济区成员国的数据保护法)。话虽如此,有些法域只要求企业获得数据主体同意,但不必然要求是"明示"或者"明确"的同意,在这种情况下,笼统的同意宣示也是可以的。具体实施方式可以如下:

□ 是,我已阅读、理解并同意网站隐私陈述(超链接指向隐私陈述)。

3.64 **同意机制和宣示的放置位置:**无论如何,任何预先组织好的同意宣示应该呈现在接近待勾选的选框、"点击接受"的按钮或签名行的地方,这样消费者通过鼠标点击才能清晰显示同意。如果把宣示同意的语句放在"接受"或"提交"按钮下方,未必能满足要求。如果把同意宣示放在待勾选的选框或签名行的上方或一侧,一般就可以了。

3.65 **获取同意的主体应该是谁:数据控制者,还是处理者**?只有数据控制者必须获得数据主体同意,通常也只有控制者能做到,因为仅有数据控制者有直接的联系和机会来寻求数据主体的同意。一般来说,由于数据保护法把义务施加在数据控制者身上,数据处理者并没有义务——即使有时严格来说服务商有责任(如因为服务商处理了一开始就不应该被收集的数据)去获取数据主体的同意。一般来说,数据控制者的过错更重,更容易成为维权和处罚对象。尽管如此,遵守隐私法对服务商有好处。如果违规发生,导致维权或处罚并成为公众事件，导致技术、服务或商业做法的声誉受损，服务商也面临营收下跌，不得不安抚客户情绪的状况。因此，专门领域的服务商（往往比其客户——数据控制者——更熟悉同意方面的规定）往往会制定并与其客户分享合适的通知书和同意书。例如，当高科技公司把网页分析或行为追踪技服务提供给另一非技术公司在首页使用时，服务商反而会提出涉及获得数据主体同意的问题，并把同意书模板提供给客户。还有些服务商甚至会在合同中约定数据控制者须获取数据主体的同意。另一些服务提供商则不愿提出这些问题，宁愿放任数据控制者自行其是；或者仅在客户提出请求或当客户试图通过合同向其转移隐私法合规责任时，才愿出手协助客户处理获取数据主体同意的问题。

3.10　与数据主体签订协议

和数据主体签约与获取数据主体同意。企业与数据主体签订协议时，涉 3.66
及双方当事人彼此之间的同意。但当企业未通过签约而获取数据主体同意时，同意的宣示是单方向的，从数据主体指向数据控制者即企业。而在协议中，企业与数据主体双方互致承诺。因此，对双方具有约束性是企业与数据主体签约与单纯地寻求数据主体同意在概念上的重要差别之一。走签约路线的结果是企业不仅要考虑数据保护或隐私法，还要考虑合同法以及与合同相关的消费者权益保护法。从实务角度看，涉及同意书时企业往往只关注数据处理一件事，而涉及协议时企业则往往还要解决其他问题，需要通过设计各类条款确定合同关系的方方面面如期限、解除、通知、准据法和纠纷解决地等。企业有时会与数据主体签订或修改合同作为获取数据主体同意的替代方案。

请求明示接受网站隐私陈述或通用隐私通知：当企业明确关于数据处理 3.67
发送通知或寻求同意时，经常也会让数据主体接受企业的网站隐私陈述或其他关于数据处理做法的通用通知。这种方法很常见，但并不值得推荐。这么

做会给企业带去诸多不利,且鲜有好处,具体如下:

➢ 企业若寻求用户接受,就默示承认需要数据主体的同意,从而增加企业义务(因为企业要负责确保数据主体的同意有效且持续有效),也限制企业的未来选择(企业也必须为其未来隐私做法或陈述的变化寻求数据主体的同意,而不能仅发布更新的隐私陈述)。

➢ 数据主体可能不会表示接受或者企业以后可能无法证明数据主体已做出接受(如因数据主体的接受并没有以证据规则认可的方式保存下来或企业无法证实数据主体本人点击了“接受”按钮或表示了接受)。

➢ 即使数据主体已接受,这种接受也可能因为形式上的缺陷(如因为通知或接受机制不够显著、未能提供必要翻译或数据主体是未成年人等)而被认定为无效。

➢ 数据主体若明示接受企业隐私通知的内容,一般来说就建立了其与企业双方之间的合同关系,企业只能按隐私通知所描述的方式处理个人数据。这或许意味企业未来若想改变做法,就必须要再次寻求数据主体的明示接受,且数据主体在收到合理通知后有权解除或取消双方协议,即撤销先前对隐私通知的接受,导致企业无法继续按通知所述处理个人数据。

➢ 寻求数据主体对隐私通知内容的同意后,企业可能会招致额外的审查和管辖。例如,位于欧洲经济区其他国家且实施数据处理活动的企业若以合同形式呈现隐私通知,德国消费者保护机关就有权将其针对不公平合同条款的国内法适用到该隐私通知上;但若非以合同形式呈现,则该机关就必须尊重该企业设立地所在国关于数据处理的法律和管辖权。

➢ 根据美国式数据保护法,企业需要通知数据主体才能克服基于“隐私合理预期”的限制,而实现这一点的最佳做法是发布单方面的通知,而非要求数据主体明示接受。而且根据欧洲式数据保护法律,让数据主体同意网站隐私政策或类似一般性通知中对企业数据处理做法的总体描述,企业无法获得数据主体的“明确”同意。

➢ 唯一的优点在于，若数据主体收到显著通知后明示且自愿地表达接受，那么其质疑通知描述的数据处理活动的可能性就更低。而且有些法域并没有具体的数据隐私法，明示接受的方式在抗辩基于不清晰的宪法或侵权理论提出的主张和质疑时，可能更保险一点。

签订协议替代获取同意。除寻求数据主体对隐私陈述中数据处理活动的同意或接受外，企业不应该忘记另一种重要替代方案：通过与数据主体签订商业合同承担处理个人数据义务，替代寻求数据主体同意、许可或接受。合同义务要求企业处理数据，同时也允许企业这么做。根据欧洲数据保护法，合同义务被列为数据处理正当理由的替代方法之一。数据保护法规定同意必须明确、自愿、知情和书面，但并未对合同签订设立标准，合同方式也让企业拥有更多的灵活性。例如，提供网络信息服务的企业可以寻求网站访问者的同意来发送关于新服务和新营销电邮，也可以在网络服务协议中增加使企业有义务提供新服务和更新信息的内容。对于第一种方法（寻求同意），企业需要获得用户明确、明示、自愿、知情和书面的同意；而对于第二种方法（合同），企业只需要完成合同订立即可。大多数法域承认合同可以通过默认接受订立，一般不会要求书面形式。又如，如果企业提供包含广告的社交网络平台、电子邮件服务或信息发布网站，既可以寻求用户同意来追踪行为、邀请朋友、数据分享和进行其他数据处理，也可以通过合同承诺推送定向广告、可以邀请朋友、转发数据及其他要求处理个人数据的行为。如果公司以合同承诺的方式运营，那么它们必须考虑对显失公平的合同条款有效性、附和合同原则、和对标准或不公平合同条款的法定限制这一系列潜在挑战。 3.68

企业间的商业协议。从数据保护法角度看，企业之间可以签订三类性质截然不同的协议：数据处理服务协议、数据处理分包服务协议和数据控制者之间的协议。 3.69

➢ **数据处理服务协议**是指一家企业（数据处理者）作为另一家企业（数据控制者）的数据处理服务提供商处理数据。数据控制者主导并负责大多数数据保护法下的合规义务。数据处理者遵循数据处理者的指示,仅为数据处理者的利益代表其处理数据。数据处理者不得把数据用于任何自身目的或在合同履行完毕后留存任何数据。一般来说,数据控制者把数据分享给处理者不需要获得数据主体的同意或者向数据主体提供特别具体的通知,因为数据控制者依然掌控数据处理并负全责。

➢ **数据处理分包服务协议**是指数据处理者聘请分包商,并把数据控制者与其所签数据处理协议下的义务传递给分包商。

➢ **数据控制者之间的协议**是指数据控制者将数据分享给另一家企业,该企业同为数据控制者,为其自身利益或是审慎,如法定审计、法律顾问、联合营销活动、集团内关联企业的人力资源数据传输等接收数据。在这些情况下,两个数据控制者均对数据享有利益并承担合规义务。通常输出数据的控制者需要获得数据主体同意或者对数据主体负有法定责任或合同义务,这样将该等数据分享给接收者才是正当的。

➢ 还可能存在混合协议(同时具有数据处理服务协议和控制者之间的协议的特征)。数据控制者可以聘请服务商处理数据,同时服务商对数据处理也存在自身利益。例如,企业聘用一家经纪公司管理企业员工的股票期权项目,同时该经纪公司想向员工推销投资相关的服务。在这种情况下,输出数据的控制者必须遵守适用于控制者之间协议的更严格规则,或者获得数据主体同意,或者限制数据分享,而不能超出向数据主体履行合同义务所必要的范围。

3.70 **数据处理服务协议条款要点:**

➢ 数据处理者仅为数据控制者的利益、代表数据控制者处理数据。

➢ 数据处理者未考虑数据控制者的接收数据需求(以排除数据控制者向数据处理者出售数据的索赔),并且数据处理者不得向分包商或其他第三方提供任何数据(排除数据处理者出售数据的索赔)。

➢ 数据处理者须遵循数据控制者的指示(服从于改单管理和潜在额外费用)。

➢ 数据处理者未获得数据控制者指示前，不得变更数据处理活动的关键方面如数据处理位置和分包商（若数据处理者必须变更标准服务项目，而数据处理者不愿做出相应变更指示，则应服从于改单管理和潜在费用、合同接触和提前解除费）。

➢ 数据处理者须确保数据安全。双方最好要采取明确的技术、组织和行政数据安全措施如数据处理者或数据控制者的信息安全政策。

➢ 数据控制者对数据安全的责任到位后，就是数据处理者的责任的起始之时。在理想状态下，企业为确保数据的终极安全，要划定明确的责任界限，在其他各方也要明确各自责任。

➢ 明确数据安全事件下的通知、合作、支付和赔偿义务。包括服务商在什么情况下须告知客户、各方应如何在调查和补救方面合作、服务商需提供哪些意见以便数据控制者更好地撰写发送给数据主体的通知、谁来承担实际或疑似数据事件造成的成本和损害等问题。

➢ 支持数据访问、擦除或更正请求；数据处理器如何以及何时定期和根据请求而删除数据。

➢ 数据控制者或第三方（包括下游客户、数据主体和数据保护机关）对数据处理者或者分包商进行审核的规则。

数据处理分包服务协议条款要点： 3.71

➢ 数据处理者需要把其在数据处理服务协议下承担的部分甚至全部义务传递给分包处理者。

➢ 是否数据控制者的指示直接传达给分包商，还是由数据处理者转达。

➢ 最初的数据处理服务协议中必须解决的问题必须要在分包处理协议中解决。

数据控制者之间的协议条款需要重点考虑的问题： 3.72

➢ 数据控制者是否应向另一数据控制者承担关于个人数据使用和处理的合同限制？

➢ 哪一位数据控制者负责确保数据传输的合法性——数据的发送方、接收方还是双方？这项义务往往自然落到数据发送方身上;但偶尔如涉及房地产销售时,双方可能是经纪公司、银行和产权公司之二且都与数据主体存在直接联系,此时数据接收方也会同等甚至更合适成为获得数据主体同意的人选。

➢ 一旦数据传输或其中一个数据控制者的作为或不作为导致第三方提出针对某方或双方控制者的纠纷,赔偿与合作义务如何分配?

➢ 数据流动是否为双向的,故而权利义务是否也应设计为双向适用?

3.73 **由法律和合规目的所确立的条款**。如果法律强制规定签订协议,则企业之间就不得不采用签订标准条款和模板合同。例如,为遵守欧洲法关于跨国传输个人数据的规定,企业可以执行欧盟委员会公布的标准合同条款。再如,根据美国联邦健康保障法(HIPAA 隐私规则),“范围内实体”和某些服务商必须签订业务伙伴协议。企业遇到此类协议时,必须改变思维模式,认识到该等签约与签订普通商业协议之间的根本性差异:一般来说签订标准条款并非合同一方当事人要求另一方当事人执行合约义务,而是双方当事人共同执行合约义务以满足法律规定。因此,对此类合同的强制执行多半来自监管部门、数据主体和其他第三方。因此在谈判阶段,签约双方的利益相对一般商业合同更加趋于一致;如果企业能帮助签约伙伴认识到大家在共同应对一项合规挑战,那么实施这类协议就会更高效。

如果所有缔约方将商业风险分配条款(如代理、保证、免责声明、赔偿和责任限制)与隐私法规定的数据使用限制和数据保护义务分开,那么通常情况下会对所有缔约方更有利。如果它们将后者保留在单独的数据处理协议或附录中,那么它们可以简化内部审查流程;避免在数据保护官员、工作委员会、数据保护机构或数据主体拥有访问权限的情况下,向其共享敏感的定价和商业条款;快速确定它们可以将哪些条款传递给其他缔约方;明确影响违约通知要求和数据使用限制的限制和义务;在最终由法律规定或对双方有利的条款方面，更迅速地找到利益共同点。

3.11　办事规程

通常来说，法律不会严格规定企业必须制定办事规程。此外，从操作角度来说，大型企业有必要对数据收集、使用、披露、访问、保护和其他处理活动制定和颁行政策。作为一个组织，企业必须遵守数据隐私法的各种规定（如确保数据准确和安全，有时还要加密；向数据主体提供通知，允许数据主体访问、纠正数据等）。为满足这些实质合规要求，企业必须确保每位员工、独立承包人、第三方服务商按法律规定和合同承诺行事。有多种方式可实现该目的，如为员工等数据主体提供培训、采取相应的技术和组织措施、制定办事规程、在合约中设定具体义务。起草办事规程时，最好集中解决某一问题，以便规程简短且有针对性。冗长、无所不包的政策陈述容易遭到无视，毕竟人们懒得花时间从繁文缛节的文件中认真查找哪些内容与自己的具体工作有关。 3. 74

至于一家企业到底需要制定多少数据隐私法合规的办事规程，取决于企业的运作方式、员工数量和员工专业化程度和水平。持有高度敏感消费者数据的大型跨国企业可能需要对其数据使用制定一整套办事规程，而面向企业客户的小型创业公司则可能只需要一些简单规则来保护员工档案和客户清单的安全。制定办事规程时，要考虑该规程的实施对象、对应部门掌握哪些情况、如何能让实施对象最好地抓住要点。办事规程最好只包含与每个实施对象都具体相关的规则。

大多数企业在实施有关报告和处理数据安全事件的协议中获益。企业应指导每位员工如何、何时以及向何方报告数据安全缺陷、漏洞或未经授权的数据访问。企业应当向隐私官、内部法律顾问或其他指定的数据安全事件报告接收人，提供一份关于立即采取的行动项目和流程的简要操作手册，其中包括终止数据泄露的补救措施、通知公司的关键利益相关者、确证保密性，聘请外 3. 75

部律师和庭辩顾问,通知保险供应商,展开调查,确保律师—客户特权,并在适当的情况下发布诉讼证据保留指引。

3.12 问卷与数据提交表

3.76 若企业通过问卷、网页表格或其他形式向数据主体提供访问、携带和删除数据的渠道,或是企业收集数据时,企业应当考虑如下几点:

表格和开放式联系渠道。通过设计表格,企业可以设计所要接收的信息的类型。表格上的问题越明确,答案选项范围越小,答题者越不可能忽略企业要求提供的信息,或者提交企业不想要的、可能招致企业责任的信息。因此,许多企业更偏爱网络表单,而不是像电子邮件、电话号码或在线聊天等开放式联系渠道。企业也需根据所适用的法律做出选择(例如,《加州消费者隐私法》要求公司提供免费号码)。

3.77 ➢ 认证和验证。根据欧盟《通用数据保护条例》、《加州消费者隐私法》和其他相关法律,数据主体可以要求提供有关数据处理实践、个人数据访问、数据便携式副本和数据删除的具体信息。企业必须核实提交请求者的身份和权限,以避免非法共享或删除数据。对于员工或现有客户,企业可以通过现有的账户登录流程,依赖现有的身份验证方法,并尽可能通过自动化响应来提升效率。对于其他数据主体,企业可能需要采用政府签发的带照片证件、公证书、水电费账单、其他记录和个人调查,以核实请求的有效性,并排除合理怀疑。

3.78 ➢ 要求提交的内容。除了识别验证信息外,企业可能需要或更愿意获取与特定请求相关的附加信息。例如,持有用户生成内容的企业可以向第三方权利人提供相对有限且具体的网页表格,仅供提交著作权侵权投诉之用,这样就能降低收到不清晰主张的风险。如果企业仅仅发布一个接受投诉的电子邮件地址,那么很可能就会收到诉求不清的主张,导致进一步调查情况的需求。企业不得设置不合理的障碍,妨碍数据主体处理法定请求。数据主体有权访问企业持有的、有关数据主体的所有个人数据，并拒绝数据控制者缩小请求范围的尝试。在许多情况下，企业会发现，通过询问数据主体是否会对某一数据子集感到满意来寻求对特定请求范围的明确性，恰恰会适得其反。相反，企业可能更倾向于“尽最大努力”，在这种情况下提供相关信息或副本应当足以回应数据主体的请求。例如，如果一个长期雇员在被解雇后提交了一个宽泛的数据访问请求，雇主将不得不花费超出合理限度的时间和精力，来查找和编校所有与前雇员有关的电子邮件、文件和记录，在这种情况下，通过向该雇员提供一份列明解雇原因的内部备忘录的部分修订副本，就足以回应数据主体的请求。

不要求提交的内容。当企业为请求设计数据提交表格和联系渠道时，他们还需要考虑哪些信息是不需要的。表格中提出的问题越详细，企业对答案承担越多的责任。例如，若企业允许业主为其房产发布广告并通过具体设问诱使业主表达歧视性偏好，则该企业恐怕要对用户生成的内容承担连带责任（而企业通常不会对网站访问者使用自由文本提交功能上传的歧视性评论承担责任）。再如，为求职者发布问卷时，企业可以通过设定范围很窄或预先组织的问题或者选项，限制求职者可提交信息的范围，从而降低接收不必要或太敏感信息（以避免未来被提起反歧视诉讼）之风险。

留意反垃圾邮件法规。如果企业通过电子邮件发送问卷并希望获得消费者反馈，但同时也宣传产品，那么这种问卷可能构成广告，故须遵守反垃圾邮件法（如需要事先同意接收邮件、设定有效的退出机制等）。

➢ 合并和集中有关同意和数据准确性认证的请求。如果企业已经寻求 3.79
数据主体对某些数据主体活动的明示同意，也要利用问卷调查的机会让数据主体确认、更新或补充有关数据。这能帮助企业满足数据完善的要求，履行通知义务，并减轻数据主体对具体数据类型可能存在的其他顾虑。例如，在雇佣关系中，如果员工可以拿到打印出来的具体存档信息以供更新、更正或确认，员工就会更愿意同意外国母公司通过人力资源信息系统处理其个人信息。

3.13 记录决策和合规工作

3.80 **合规档案**。企业需要根据欧盟《通用数据保护条例》实现合规,并根据欧盟—美国隐私盾项目提供自身评估文件。此外,为应对客户询问、并购项目的尽职调查以及未来基于过失而引发的诉讼,企业也会记录数据合规工作。对于从法律角度全面审视现有任务和计划方案(如国际扩张或新产品发布带来的外国法合规),此类描述性记录比隐私通知对企业更有帮助,因为后者未必能描述所有相关的事实和情况。

为了准备这类文件,可以确定并明确列出企业需要遵守的规定,并在每项规定下描述企业的实际做法。例如,我们可以把欧盟—美国隐私盾原则、适用于企业的欧盟《通用数据保护条例》规定及其他隐私法规施加给企业的主要义务,分别复制并粘贴到一个空白文档中,每项用分页符隔开,然后加入企业如何应对每项规定的具体信息。在定稿并发送给读者之前,请确保对企业实际做法描述的准确、充分性(否则就要改变做法)和一致性——与向数据主体发送的通知、向政府机关提交的申报文件、与业务伙伴签订的合同中所描述的或与其他第三方所陈述的一致。

即使对于规模较小的企业来说,创建一个合规文件夹收集并监控所有合规工作和措施(如政府申报、任命数据保护官、执行和维护数据传输协议、政策、供应商协议等),往往也能从中受益。这么做也能确保关于企业全球系统、流程和政策的描述与企业向汇报给各类当地政府的信息一致。

3.81 **差距评估**。审计和咨询公司通常建议在启动合规项目时进行差距评估,以确定需要补救的具体合规缺陷。在并购中,拥有成熟的合规程序和潜在买家的企业能在这种手段中获益。然而,审计和咨询公司往往出具一份篇幅冗长的、提示重大问题的报告,而这些问题可能不受律师—当事人信息保密特权的保护。如果它们不能迅速弥补报告中指出的缺陷,它们就会利用差距评估来增加风险和责任，进而会阻碍项目开展。在遵循欧盟《通用数据保护条例》的准备阶段，许多规模较小的、相对落后的企业，在形式上的差距评估方面花费过多的时间、资源和预算，而不是专注解决新要求和已知缺陷，并记录正面的合规措施。通常而言，企业应该避免从新合规制度（如《加州消费者隐私法》）的差距评估开始，并且应该在评估新合规制度之前，把首要任务定在实现合规。

数据保护影响评估。根据欧盟《通用数据保护条例》，企业在实施可能给 3. 82
数据主体带来高风险的新数据处理技术和过程之前，必须实施数据保护影响评估，记录评估结果，并咨询数据保护官。如果数据控制者确认新项目可能导致高风险，则必须咨询数据保护机关。如果该新项目确实被判定具有高风险，则数据保护机关很可能否决该计划。因此，在实践中，企业应当实施数据保护影响评估，以确定如何才能充分降低风险，并记录为什么他们决定不咨询数据保护机关开展新项目。

自21世纪初以来，美国和加拿大政府已经被要求实施数据隐私影响评估。此外，许多科技企业多年来一直要求对隐私影响进行评估，作为其产品研发过程中的一部分，以确定预期产品使用范例的合法性、产品滥用所导致的直接侵权责任或帮助侵权责任的风险，并最终确定商业营销成功的可能性。无论法律是否有明确规定，企业均应评估新产品、新流程对个人隐私、安全和其他权利的影响，并为设计和实施提出风险防范措施。企业可利用这些评估文件来对开发人员进行“隐私嵌入式设计”的指导、完善产品和服务规格、起草用户使用说明、回答潜在客户有关合法的和负责人的产品使用的问题，为由于产品滥用而引发的侵权责任展开辩护，并在数据保护机关或者消费者保护部门审计或质疑时证实本方的尽责事宜。

在数据保护影响评估文件中，企业至少应描述：

- 新产品、服务或流程的运作方式；
- 涉及的数据种类、主题、控制者、处理者、供应商和接收者；

- 数据处理的目的和数据控制者的利益;
- 数据主体涉及隐私、安全等权利的潜在风险;
- 产品、服务或流程中的风险控制措施;
- 用户在实施过程中可以采用的风险控制措施;
- 数据主体的警示和选择;
- 数据控制者和数据主体的利益平衡,以及关于提议的数据处理和新产品、服务或流程合理性总结。

为了效率起见,企业应尝试在一次数据保护影响评估中涵盖类似的产品、服务和流程,并保持文件的简明扼要。与大量复杂而冗长的评估相比,企业可以从一些考虑周全的、可操作的、涵盖所有高风险警示的简报中获益更多。此外,如果向法律顾问和数据保护官提供数据保护影响评估所需的精确事实陈述,他们就可以更迅速、更有效地就隐私法问题提出建议。

3.14 政府申报及批准

3.83 目前,大多数欧洲经济区成员国和一些其他国家(包括阿根廷、哥伦比亚、以色列、摩洛哥、俄罗斯、瑞士和乌拉圭)要求企业向数据保护机关报告某些甚至全部个人数据处理行为、数据库或数据保护官的约定。在某些情况下,企业必须获得政府机关的事先批准。欧盟《通用数据保护条例》的立法材料提到,《欧盟数据保护指令》和其他相关法规所规定的申报义务造成企业的行政和财务负担,也没能为改进数据保护做出太大贡献,因此应该废除。然而,欧盟成员国在欧盟《通用数据保护条例》规定下无法就实施废除达成一致。一部分甚至全部国内法下的申报义务可能会继续有效。

申报和批准的规定可能千差万别,取决于:

➢ 触发申报要求的情况(如全自动处理、由超过一定数量员工参与的处理、某些类型数据的处理、出于某些目的的处理、跨国传输、控制者与处理者的活动、举报热线、数据保护影响性评估等)。

➢ 政府机关对哪些信息应提交申报指引及程度。有些法域提供有限文本输入框或多选项问题的在线注册方式;而其他法域则要求以纸面表格申报,有的则对部分甚至全部申报允许自行确定具体形式和格式(如更新)。

➢ 所提供信息的总量和类型。

➢ 作为最初接收人对数据再传输必须进行通报和披露的程度。

➢ 采用不同方式使向欧洲之外跨国传输数据获得正当依据(如欧盟标准合同条款、欧盟—美国隐私盾认证、数据主体同意等)或者任命数据保护官等情况在何种程度上可豁免企业的申报义务。

➢ 是否数据传输协议或其他支持文件必须与申报表一并提交。有些法域的政府机关对于但凡涉及国际数据传输的行为都要求提交数据传输协议,而其他地方的机关保留随时要求提交支持文件的权利。

➢ 数据控制者是否必须披露接收个人数据的数据处理者以及披露到何种程度。

➢ 申报文件是否必须翻译成当地语言。

➢ 对于数据传输的各方面是仅仅通报就可以,还是要获得事先许可。

在越来越多的司法管辖区,如果根据《加利福尼亚州民法典》、美国其他州法律、《健康保险便携与责任法》和欧盟《通用数据保护条例》,企业遭受数据安全违规行为,那么企业必须通知数据保护当局或其他政府机构。 3.84

在大多数情况下,企业必须通过官方表格、用当地语言提交申报文件和许可申请。但是,企业应该使用其偏好的语言准备和保存所有申报文件的底稿。提交申报之前,如有必要,可以把这些底稿根据当地法律和当地语言进行审核和修改,并遵从当地法定的格式。 3.85

一旦之前申报的信息发生变更,法律一般规定企业更新发送给数据主体和政府机关的通知。如办公场所迁移、授权联系人变更、数据保护官更换或主要服务商变化等情况,必须要报告给主管机关。 3.86

3. 87 更新政府申报的格式各国有所不同。有些欧盟成员国对需要报告的变化设定了明确的时间要求和“重大”的条件要求。但是,很多国内法尚无清晰规定哪些变更必须更新申报,也未明确豁免轻微修改或允许推迟向数据机关通报变化。

3. 88 时刻持续跟进各种各样、始终变化的当地法律规定会给企业尤其是拥有大量外国子公司和数据用户的企业造成沉重负担。企业应该考虑确立一个流程确保各种变更都集中汇报给一位负责人(如首席隐私官、公司法务或外国企业合规专员),该负责人能够立刻进行申报或者定期汇总报告(如每年欧盟—美国隐私盾再认证时)。

第四章 维护和审核数据隐私合规制度

维护合规制度时面临的挑战。将数据隐私合规制度投入实施后，并不意味我们的工作已经结束，恰恰相反，制度的维护阶段刚刚开始。有些法律或制度本身要求定期性地采取行动。例如，欧盟—美国隐私盾项目要求企业进行年度认证。根据《加州消费者隐私法》，在过去的 12 个月内，企业必须发布有关其出售和披露个人信息的年度隐私声明。世界各地的立法者一直在发布和修改法律。企业本身也会以各种方式转型，如并购、剥离、重组、搬家、国际扩张、人员增加和技术收购。负责隐私合规的员工也可能会变化。所有这些改变都会影响隐私合规。 4.01

文件资料。为确保维护工作的高效性和连续性，应该准备一份关于合规制度的简要提纲、关键文件及决策者名称和位置的清单，以及此前关于合规评估范围（如涉及哪些法域、服务商和服务）的信息汇总。基于这些文件资料，我们可以回答关于合规制度的问题，快速评估是否需要调整组织机构以便更新和拓展数据合规制度，对制度的定期重新评估做好记录，并就该制度相关问题向审计人员、同事或继任者提供指导和培训。 4.02

接手或审核现有合规制度。接手现有合规制度（如上任新工作时）或者审核现有制度（如进行并购尽职调查），大体上可以按照与创设新制度一样的任务清单进行，通过核查文件资料或其他确认，验证是否已符合法律规定。或者也可以向企业提出更加开放的问题如为实现合规已经做了哪些工作，然后根据答复核查如下更具体的信息： 4.03

➢ 每家公司、分公司的精确实体名称、地址、员工人数、工人委员或其他员工代表组织。

➢ 数据保护官或其他负责隐私合规工作的代表的名字和联系方式。

➢ 数据库和数据流的目录(包括梳理数据类型、数据主体类型、数据处理目的和处理方式的细节)。

➢ 外部隐私通知、声明和同意书的副本,以及企业内部关于数据隐私和安全合规的办事规程的副本。

➢ 向政府或数据保护机关提交的申报、申请和其他文件的副本。

➢ 有权访问数据的服务商清单,及企业与其所签服务协议的副本。

➢ 企业选用的跨国数据传输合规机制及相关文件资料的副本。

➢ 所有关于数据安全事件、数据隐私投诉、纠纷或问题的信息。对于直接营销项目,还应了解企业如何管理用户提出的退出请求、收到过多少退出请求,以及是否因未尊重用户的退出请求而遭受过投诉。

4.04 一般来说,任何工作的交接或审核过程都涉及互动和分阶段交流(提问、回答、再提问),就算企业的合规制度运转良好也难免如此。不过,准备好关键信息和材料可以节省时间,避免低效和重复的工作。

4.05 **并购中的尽职调查**。收购企业时,买家通常会对目标企业的合规情况进行尽职调查。针对隐私合规的尽职调查要做到多充分,取决于个人数据和个人隐私对被收购资产有多重要。例如,若买家主要对客户关系感兴趣,就会认真调查卖家和目标资产是否有权转移客户数据,是否存在将转移给自己并招致责任、令人担忧的合规缺陷。相反,如果买家只对购买目标企业的知识产权以便制造产品有兴趣,那么数据隐私合规应该只是诸多合规领域之一,通过合同保证(使买家在卖方违反保证时能获得充分救济)就能基本解决了。基于个人数据及其合规对并购的相对重要性,对于并购中的尽职调查,卖家可以采取类似于接手现有隐私制度的方法(无论如何都会发生在交易交割之后),把上一段文字中提出的问题放到尽职调查信息请求清单中。

4.06 还有另一种方式:买家可以把上述问题的理想答案写在收购协议的保证和陈述里。但这么做可能会促使卖家在收购协议的信息披露附件中主动交代合规问题。如此,若合规缺陷被明确记录且在披露时不受律师—客户保密特权保护,一旦最终交易完成且买家成为目标实体违法行为的责任人,那么卖家之前的披露最终可能会造成买家的困扰。这并不是数据隐私的专有问题,而是并购交易合规常见的困境。

在并购尽职调查中,还存在另一个值得考虑的要点,即买家和卖家在交易过程中如何确保遵守数据隐私和安全法。买家常常会向卖方问及其员工和客户信息,而卖家无法在不违反相关隐私法的情况下向买家提供这些信息。尽管这种违法行为一开始只是卖家或目标实体的问题,但交易结束后最终会变成买家的问题。因此,双方应该协作,尽可能遮挡或去除个人信息,仅允许"有必要知情"的人员查阅文件,严格限制访问权限,严密保护数据查阅室(卖家根据买家信息要求上传信息和文件的地方)。交易各方及其律师还应该考虑的其他问题包括:数据查阅室中的信息和文件、各方往来的电子邮件是否已加密,各方哪些人员有权查阅信息,是否允许下载和复制文件,若谈判终止信息是否必须被删除或退回以及具体怎么操作。 4.07

现在,仅提供经过遮挡的员工信息是目标企业越来越常见的做法。对于大型机构和普通员工来说,在表格中去掉名字和员工编码一般就够了。对于小型公司、大型集团的小型子公司和关键员工,即便在表格中删掉名字,买家常常还是能够猜测出信息对应的人。但如果数据控制者对分享数据存在正当和强烈的利益且数据主体不会受到不良影响,那么这种部分有效的措施在法律上也是可以接受的。 4.08

对服务商和供应商的尽职调查。对服务商或其他供应商进行审查时,不必像对待企业内部的数据合规一样,采取一套完整的审核方案,而仅关注企业作为客户所需要关注的合规问题即可。一般来说,作为客户,企业只关心服务商是否能确保数据安全、遵守企业关于隐私合规的指示,并在合作结束后退回或删除数据。企业往往不关心供应商自身能否满足政府申报及向自己员工发布隐私通知等法律要求,因为企业作为数据控制者不会对供应商自身的无关 4.09

数据合规的问题承担责任。

4.10 如果服务商位于其他法域,我们还应该评估其在跨国数据传输方面的合规方式。例如,企业作为数据控制者,除非事先已确认合适的数据传输协议或采取其他合适的合规机制,否则不得与欧洲经济区外的服务商或分包商分享欧洲居民的个人数据,也不得允许供应商与其分包商进行类似的跨国共享。这些额外的调查和确认应该在常规的供应商尽职调查之外进行,而不是取代常规调查。

第五章　数据隐私知识库：从 A 到 Z

本章介绍数据隐私法领域的热门话题和重要的实体合规义务。前四章以实务操作为主，无法完全覆盖评述数据隐私法的方方面面。本章恰好可为实务操作补充法律语境。本章所涉问题均为数据隐私法领域的热门关键词，按照英文字母顺序排列。

5.1　广告

出于广告目的收集和使用个人数据的做法很常见，有商业价值，但也饱受争议。

直接营销。这是指企业出于营销目的，直接向消费者发送电话、电子邮件、短信、信函或其他材料。企业（广告主）及其服务商应确保： 5.01

➢ 合法获得消费者的联络方式。如从第三方购买消费者联系方式，则需审查数据收集和转移的合法性。

➢ 为营销目的使用个人数据已获得授权。具体而言，企业必须就直接营销事先依法通知消费者或获得消费者同意，且之前未做过矛盾的承诺（如在网站隐私声明或服务协议中保证数据仅限于为数据主题提供服务）。

➢ 联络消费者的方式、传递的内容均应遵守反垃圾邮件法（参见第五章知识库“垃圾通信”）。

定向广告。这是指企业根据消费者的个人兴趣和活动细节建立消费者情况档案，其中可能包含消费者的姓名、联系方式（如会员项目），也可能不含 5.02

(如仅汇总网络浏览记录,参见本章“追踪”)。按照欧洲法律,收集相关档案信息(如浏览器追踪)必须获得消费者事先知情和明示同意。

5.03 **抽奖**。抽奖通常涉及企业收集消费者的联系方式和其他个人数据。如果企业仅为运作抽奖活动本身收集和使用数据(如确定及通知中奖者、排除员工及其亲属中奖等),则问题不大。但如果企业出于其他目的使用个人数据(如创建邮件列表),那么数据可能被认定为“赌金”,合法抽奖就变成与非法赌博一样的行为,除非不提供数据或不接受营销也可以参与抽奖,且参与者知道自愿提供个人数据并不增加获奖概率。

5.2 英国脱欧、《通用数据保护条例》、电子隐私和隐私盾协议

5.04 1995 年至 2016 年,欧盟数据保护法在经历了 20 多年的沉寂之后,各公司正面临一系列迅速而重大的变化:2016 年 5 月,欧盟颁布了《通用数据保护条例》,取代了 1995 年《欧盟数据隐私指令》,并于 2018 年 5 月 25 日生效。新的相关要求和处罚的思考已经贯穿本书,并在 0.20 段(关键概念“法域”)中进行了阐述。大多数欧盟成员国一直在更新国内法,以行使众多权利,而这些权利超越、限制、修改或进一步明晰 GDPR 所确立的新原则。

欧盟还计划出台一项新的欧盟隐私和电子通信条例(E-Privacy Directive),以取代 2002 年首次颁布的指令(将现有的一般同意要求降低为网络 cookie 的“默认加入、选择退出”制度),并曾在 2009 年进行了一次更新(将网络 cookie 的同意要求提高为“默认退出、选择加入”制度)。

2016 年 7 月,欧盟委员会宣布欧盟—美国隐私盾计划,这为欧洲经济区个人数据的跨境转移提供了充分的基础。在 2017 年 9 月,已有 4800 多家美国公司自愿注册了新计划。新计划超过先前签署的美国安全港计划的数量;欧盟委员会在 2000 年宣布该计划是可行的,但欧洲法院于 2015 年 10 月宣布该计划无效。2015 年 10 月至 2016 年7 月,欧盟数据保护局迫使欧盟公司停

止依赖美国安全港注册，转而签署欧盟标准合同条款（Standard Contractual Clauses，SCC），这是一项全球可用的国际数据传输合法替代方案。不论是因为法院诉讼程序，还是欧洲委员会主动推进，欧盟标准合同条款也将适时发生变化。欧盟标准合同条款、隐私盾和其他国际数据流动机制的细节和利弊，在本书第二章中进行了总结。

最后，2017 年 3 月，英国正式启动两年内脱欧程序；2019 年 3 月，欧盟和英国又同意延长退出期限。英国脱欧后，欧盟《通用数据保护条例》不再适用于英国公司，欧洲经济区公司也被禁止向英国转移个人数据。英国的国家数据保护法仍将在英国生效，并足以满足欧洲委员会的数据保护要求。此外，企业必须努力克服英国法律为从英国向欧洲经济区和其他司法管辖区传输数据而设置的障碍，因为在互惠协议达成之前，英国可能不会采用或保留之前欧盟委员会所制定的解决方案。

5.3　云计算

有些企业运营多个彼此距离遥远却动态互联的数据存储设施。这类系 5.05
统设定通常被打上“云计算”、“软件即服务”或“提供应用程序服务”（system applications，products in data processing，SAP）之类的标签。为保持语言习惯的一致性，本书使用“云计算”统称各类使用户无须购买额外设备或软件副本即可获得更多功能和存储、运算能力的托管方案。不过，使用“云”这个字眼时需要仔细斟酌，因为未必在所有语境下“云”都受人喜爱。特别是在那些饱受雨水困扰的欧洲国家，“云”字带有贬义，容易让人有云里雾里、浑浑噩噩的感受。

从数据保护的角度看，云计算为数据控制者和消费者带来不少好处：读取 5.06
快捷、备份简易、软件兼容性问题少、数据安全性往往更强。同时，客户（数据控制者）和数据处理服务提供商（数据处理者，以下简称服务商）必须面对一大挑战:即便数据存储在云中,客户也能够控制数据。如果客户无法控制数据,服务商就成为数据的共同控制者,这将引发服务商的各种合规义务,为了客户的利益甚至可能需要获得数据主体的同意(而在现实中这往往很难,如当一家互联网公司把以拦截垃圾邮件和清除病毒为目的的邮件扫描工作外包出去时,外包商往往无法获得数据主体的同意)。因此,服务商必须在合同中明确其仅为客户处理数据,服从客户指示,满足相关安全标准,确保客户合理知晓数据处理的关键技术特征(通常包括服务器所在国家、分包商类型,还包括有权访问数据的关键分包商的具体身份、关于数据安全和保存标准的概述)。

5.07 根据不同类型的具体数据和合作方式,客户还可以要求服务商签订相应的数据转移协议,包括欧盟标准合同条款、欧盟—美国隐私盾框架下的数据再转移协议、《健康保险便携与责任法》业务伙伴协议、支付卡行业标准(PCI Standard)承诺、《加州消费者隐私法》所规定的不得出售个人信息的证明。专业的服务商也熟知如何要求其分包商做出相应的承诺(很多数据转移协议模板的"关键"条款或法律亦对分包商有要求,以确保数据保护的连续性)。最后,企业应做尽职调查,审查服务商候选人的数据安全措施,因为数据控制者对数据处理者的行为负全部责任,并应该把数据处理者当作企业延伸的一部分来看待。

5.08 尽管用户日益青睐云计算,但数据隐私保护官、监管机关和法律人的热情并未高涨。批评家们指出"云"给个人数据隐私带来的安全风险。对他们而言,云计算首要意味着用户把数据转移到不为其了解、不为其拥有、不受其控制甚至不知情的遥远的系统中。正如很多法律和技术上很复杂的话题一样,云计算的种种问题被过于简单化,会被利用甚至被滥用来服务各种政策和竞争目的,如把工作岗位留在国内、保护本地产业、维护现有商业模式不受颠覆性替代方案影响等。

在决定是否提供或采购云计算解决方案前,企业应先厘清如下常常阻碍决策过程的几个迷思:

迷思一:云计算对数据隐私和安全合规提出全新和独特的挑战。事实上,消费者和企业很早以前就将个人数据委托给专业服务提供者如电信公司、支付公司、会计师和各类外部服务商(作为工资代发、呼叫中心、IT 支持等)。数十年来,互联网成为信息社会和经济生活不可或缺的一部分,而互联网的根基就在于跨地区、跨设备和跨连接方式的去中心化数据传送。如今被炒作成“云计算”的服务和模式,已被这个逐渐成熟的行业宣传了不止 30 年了,只不过一开始,它们自称“应用服务提供者”。诚然,把数据传输给服务商和远程托管方案会带来挑战,但是这些挑战既非全新,亦非独特。 5. 09

迷思二:云计算涉及更多的数据共享,而数据共享损害隐私保护。事实上,将数据转移给数据服务商(仅代替客户即数据控制者为其利益处理数据)和将数据转移给数据控制者(为自身利益处理数据并有可能损害数据主体的隐私)截然不同。传统上,德国数据保护法把委托数据服务商排除在数据转移的种种限制之外。 5. 10

与数据处理商的数据共享本身对隐私并无所谓好坏,而是中性的。企业总需要员工来做事,而员工需要共享数据一同工作。企业是法律拟制的实体。当企业使用和处理个人数据时,必须通过自然人来操作,具体的人员可以是企业的员工、企业之外的独立受托人、服务提供商的员工或其独立受托人。无论何种情形,重点在于最终处理数据的自然人的所作所为代表或受控于企业,而企业(数据控制者)对数据负责。至于控制数据的企业如何委托或酬劳处理数据的自然人——无论其属于企业员工还是独立的受托人,从隐私合规角度来说并不重要。重要的是每个从事工作的自然人都遵守法律和数据控制者的指示。 5. 11

对大多数企业来说,把人力资源数据库从内部服务器转换到外部云端未必意味着把数据共享或传输到更多地区。如今,数据跨国传送大多是因为各地都需求该数据。一直以来,数据都在互联网上被无数有权访问的设备、链接和人员分享。将设置不同等级之旧数据保护系统的纸质文件、表单和电子邮 5. 12

件转换成具有访问控制功能的集中云计算方案,并不会增加数据分享的风险。一般来说,后者意味着组织良好、分享安全、更有秩序。

5.13 迷思三:云计算对数据安全不利。事实上,员工的故意和过失(如遗失笔记本电脑或智能手机)会造成大量的数据安全事件。黑客犯罪也越来越多。究竟哪一种方法——将个人数据存储在数据控制者的内部系统还是外部服务商的系统更安全,取决于哪个机构采取的具体措施更安全。如果服务商的安全力量薄弱并粗心大意,那么把数据转移到云端对数据保护可能不利。如果服务商拥有更强的技术并协助数据控制者管理数据读取、保留和完善,那么把数据转移到云端对数据保护就是好事。云系统对于数据隐私来说总体上可能也是中性的。例如,虽然供应商的云系统更为安全,但客户使用云系统的方式(如未配置安全设定将数据访问权限圈定在合适的用户、使用不安全的接入方式、把云端数据下载到不安全的本地设备等)暴露了数据。有些企业因担心大型多用户云设施容易招引黑客,倾向于使用专用的"私有云"的方式;有些企业则认为,如果某一设施被很多机构使用,相对的匿名性和隐蔽性就更强。企业需要自问,是否自身的信息技术能力和安全政策强于专业服务商采取的措施,毕竟专业服务商往往能利用规模效应优势,并有极强的动力维护客户安全,以免损害自身声誉。

5.14 迷思四:由于存在数据跨国传输问题,云计算面临的隐私法问题也更多。事实上,由于企业内部已通过互联网跨国连接(如通过邮件向各国分公司发送表单)或者企业在其他国家设有子公司或存在客户、供应商或渠道商,大多数企业早已跨国传输数据。在大多数时候,转移数据不是为了把数据存储到国外,而是因为在其他国家也存在使用这些数据的需求。例如,使用覆盖全球员工的人力资源系统的企业,需要跨国传输个人数据填充系统信息,不管该系统是由企业自己维护,还是委托给云计算服务商维护。

5.15 迷思五:美国数据受到《美国爱国者法》、《云法案》(The Cloud Act)和国家安全局的威胁。事实上,2001 年"9·11"恐怖袭击之后,美国颁布了《美国爱国者法》以打击恐怖主义和洗钱行为，授予包括国家安全局在内的执法部门和情报机关更强的调查权限。后来美国法院和总统行政命令限缩了这些权限，直到 2015 年《美国自由法》撤销并取代了《美国爱国者法》。2018 年的《云法案》明确美国的个人和企业不得违反美国权力机关的针对可能储存在域外但依旧被位于美国的个人或企业所占有和控制的数据访问要求。大多数国家都有类似的法律规定，并要求辖区内的个人和企业披露其所能访问的数据，无论这些数据储存在何处。同时，下列情况也值得注意：

➢ 通过互联网或借助外国情报和执法机关，美国政府似乎也不难获取存储在非美国地区的数据（正如泄露的美国国家安全局项目所显示的一样）；

➢ 云计算方式中很多类型的数据与美国执法部门和情报机关的监控无关；

➢ 美国政府更有可能直接从数据控制者（云计算服务的用户）而非服务提供者处获得数据（一般来说美国政府一开始都不知道服务提供者是谁）；

➢ 美国政府基本上不会对不在美国且与美国没有紧密联系的数据控制者和数据主体的数据感兴趣，不管数据是否在美国境内；

➢ 对于其感兴趣的数据，美国政府通常可以通过司法协助和合作条约从外国政府处获得数据，不管数据存储在何处；

➢ 很多其他国家也有与美国政府类似的调查权限，且受到的制约更少；

➢ 一般来说，数据控制者和数据主体所在地政府要求获取数据的风险会高很多；

➢ 其他国家常常出于其他目的提及美国国家安全局和美国政府的监控问题，但这造成民众对《美国爱国者法》实施范围的过度恐慌。

美国政府用来对抗恐怖主义和洗钱行为的信息并不是大多数企业在云端存储或处理的信息。以使用云端服务的全球人力资源信息系统（Human Resources Information System，HRIS）为例，美国政府不大可能对该系统中的信息感兴趣。即使感兴趣，美国政府更可能首先找到雇主获取数据；因为雇主与数据主体联系更紧密,可能持有更多信息,而且美国政府一开始不知道雇主使用的是什么云服务。如果雇主位于外国,美国政府一般总能通过施压获得信息(如受制于在美国的市场运营和活动,瑞士和其他外国银行都不得不向美国政府交出账户详情)。

美国政府可以通过与外国政府合作获取信息。美国已与超过 50 个国家达成司法协助条约,并与欧盟签订司法互助协议。司法互助形式包括执法部门之间大量电子信息共享,并且《云法案》也致力于促进相关合作和数据共享。更何况,2013 年以来曝光的美国国家安全局项目也披露了不少其他国家的类似情报和网络监控项目(更详细的全球概览、各国对比和热度图可参见如下网址链接:https://globaltmt. bakermckenzie. com/surveillance - law - comparison - guide/)。

所有国家都允许执法部门和情报机关在某些情况下获取个人和保密信息。很多国家自 2001 年美国"9·11"事件后修订了数据隐私法,给予执法部门更多权力,并设立最低数据保留和数据所在地要求。在某些情况下,对于数据主体的隐私保护来说,数据位于外国产生的效果可能有所不同,影响也有好有坏。例如,在一个案件中美国破产法院拒绝向德国政府提交一个德国居民的往来电邮。在该案件中,恰因为电邮存储在美国,这位德国居民的隐私得到了更强的保护。但假如他使用德国的网络服务商,德国政府早已轻易获取其邮件。

针对跨国外包的情形,最早对《美国爱国者法》表达关切的案件之一发生在加拿大,为试图阻止英属哥伦比亚政府把该省政府的医疗保险项目外包给美国服务商,当地一家工会状告英属哥伦比亚医疗服务部。工会争辩这项外包会把英属哥伦比亚的个人医疗信息开放给美国政府(根据《美国爱国者法》),因此违反英属哥伦比亚的公共部门隐私法(Freedom of Information and Privacy Protection Act,FOIPPA)。法院驳回了该案,工会的动因也被视为利用隐私掩盖其他目的(如保护本地工作或行业保护主义)的典型。

迷思六:档案保管法要求数据必须保存在本地。事实上,某些国家的税法、财务法和公司法在历史上曾要求某些文件保存在国内。但是,这些要求仅适用于某些特定文件,且在本地存有原件或副本的情况下不禁止把数据转入云端。假使某国有这类适用于员工文件的法律,跨国公司雇主依然可以把文件上传到跨国云计算系统(无论该系统由企业自行维护或托管给服务商维护)。鲜有国家——目前只有中国、印尼和俄罗斯实行更严格的数据所在地要求。 5.16

迷思七:欧盟—美国隐私盾项目不适用于数据处理服务提供商。事实上,数据处理服务提供商有资格参与并被认证为数据“充足保护”。欧洲经济区所有成员国的数据保护机关一旦加入欧盟—美国隐私盾项目,必须认可美国公司位于数据隐私和安全“充足保护”的法域,无论其是数据控制者还是数据处理者。当然,云计算用户需要验证每个服务商都能被信任受托个人数据,且这项要求在欧洲经济区内同样适用于服务商。当比较不同地区的数据保护技术和法律的优劣时,须注意在信息技术、基础设施和数据保护法方面,欧洲经济区的一些成员国难望美国项背,而另一些成员国比美国拥有更为绵长的历史。 5.17

迷思八:如果服务商获得了欧盟—美国隐私盾项目认证,就不必与企业另行签订具体的合同条款。事实上,欧盟—美国隐私盾认证仅确认欧洲经济区外的服务商在数据隐私保护方面达到欧洲经济区内服务商的“充足保护”水平。另外,就像在第二章中所详细论述的那样,一旦企业把数据转移给服务商,欧洲法律要求企业必须与服务商达成特定合同条款,无论服务商位于欧洲经济区内还是区外。 5.18

迷思九:数据隐私和安全法合规是服务商的责任。事实上,数据隐私和保护法要求数据控制者(谈到“服务”时指客户)承担主要合规责任。客户应该主动识别具体数据处理行为的各种合规义务,然后考虑哪些义务可以或应该由服务商处理更为高效,哪些由数据控制者自身承担更为合适。毕竟,数 5.19

据控制者须承担的各类合规义务取决于数据控制者的所在地,如果数据处理商位于外国,那么数据控制者要培训并指明数据处理商需要满足的各类合规义务。

5.20 迷思十:云服务商不能将控制权让给客户。事实上,很多机构都感觉掌控现代信息技术系统很难,无论是将基础设施服务外包给服务商做还是自己做。即使选择自己运营系统,多数企业通常也有必要与外部支持服务商合作,并允许服务商在维护系统时访问内部系统和数据。在供应商标准产品所提供的配置选项之外进一步定制系统,对于大多数企业来说过于昂贵(不管自己运营还是委托服务商运营)。因此,用户掌控系统的能力和意志受限巨大。

不过,从法律角度看,保持服务商和客户分别作为数据处理者和数据控制者的角色至关重要。如果服务商在数据处理流程和细节中具备或保留过多决断权,服务商就可能变成数据的共同控制者,从而突然负担各种作为数据控制者才有的合规义务;这对双方来说都不可接受。云系统服务商无法履行数据控制者的义务,因为服务商既不知晓数据主体是谁,也不知道上传至云端的数据是什么。就算服务商有资格作为数据控制者,客户企业与另一控制者分享数据一般会违反法定义务或隐私政策中的承诺。因此,服务商和客户必须齐心协力将服务商的角色限制为数据处理者。

在企业自己运营系统的情况下,证明服务商部署系统后不再控制或仅微弱控制系统会简单一些。相比而言,在云计算的情况下,数据存储在由服务商控制的实体机房的服务器里。不过有必要指出,数据保护法语境中的"控制"(control)是指对数据的"控制",而不是对数据物理所在地的"控制"。举例而言,数据服务器所在建筑物的房东即便拥有该建筑物的房产,并依合同或法律有权进入或取回该建筑物或出租财产,也不被视为数据控制人。

云计算如此关注"控制"是为了确保客户能决定对数据进行上传、下载、读取、转移、删除或其他处理。对大多数云计算服务来说确实如此,因为服务商仅仅提供平台和软件功能服务，而对数据类型和处理目的不感兴趣、不知情，亦无法施加影响。例如，对于云端运行的人力资源信息系统，服务商没有必要访问或使用客户上传和处理的数据，但是客户可能需要允许服务商访问数据提供技术支持。如果双方通过合同约定和技术手段保证服务商只会为了提供服务和解决技术问题而访问系统内的数据，那么客户对云端系统的控制力就几乎与自运营系统相差无几了。为了让云端系统更贴近自运营系统的控制力，允许客户监控和保卫实体机房的安全和进出限制，云服务商需要提供存储地点、处理方式和分包商的信息（尽管一些服务商为了保护商业秘密而不提供该信息）。此外，服务商保护客户控制权和数据保护的合同条款也同样延伸到其分包商。

对于低成本、标准化的云计算方案，让服务商满足单个客户的定制要求非常困难和昂贵。不过，如果客户能收到一切数据处理和变化的事先通知，那么在发现变化不能接受时就可以撤回数据或改用其他云服务方案，从而保持对数据处理的控制力。另外，以服务商不降低双方合同约定的数据安全措施为条件，客户可以同意或指示服务商经常更新服务和技术（只要服务商也觉得合适）。至于客户和服务商是否有权解除合同、解除合同是否产生费用，则属于双方的商业安排，从数据保护合规角度可以自由约定。

迷思十一：服务商已经且应当接受需要对数据安全事件承担无限责任的 5.21
事实。事实上，服务商未必总是能够通过签约来限定自己的责任范围，尤其在他们与企业客户——而非与数据主体签约的情况下。例如，黑客非法侵入某一全球人力资源系统并获得信息，在理论上服务商有可能由于过失对受害员工直接承担侵权责任。

但是，数据保护法并没有规定各方之间的商业责任如何分配。精明的公司常常会通过赔偿、责任限制、保证等合同条款精细切割法律风险。常见的风险分配条款基于这些事由：数据安全事件和损害主要由哪一方——是客户企业还是服务商造成；服务商是否遵守了合同义务、内部信息安全政策、法律规定;损害风险是否为任何公司(包括客户)都无法合理避免[源自大范围网络攻击或软件安全缺陷的损害,如2014年的“心血”(Heartbleed)漏洞等]。

同时,云服务商也越来越注意到自己可能因为客户——或者客户的客户的违法行为如上传病毒、非法复制文件、非法上传淫秽材料承担责任。如果客户上传非法收集的个人数据,理论上云服务商可能承担类似责任,因为在这种情况下服务商会处理根据隐私保护法不得处理的个人数据。服务商可以通过合同约定把这类民事责任风险转移给客户。

然而,关于刑事罚款和行政处罚,企业不能通过合同赔偿的方式完全转嫁责任。接受罚款的个人或企业将受到处罚,目的是其在社会化和个体或普遍意义上的威慑。假如被罚款的企业或个人实际上不必承担罚款后果,这些目的就会受到损害。如果企业和个人预期不会受到处罚,那么它(他)们就可能会被鼓励或诱导违反法律。此外,政府不仅根据违法行为的严重程度,而且考虑行为人的经济能力,处以罚款。如果财务状况不同的第三方最终承担了偿款义务(如小型服务提供商为大客户承担义务,或反之亦然),则可以规避这种考虑。因此,在许多司法管辖区,赔偿条款不但是无效的,甚至是违法的。

5.22 迷思十二:出于审核目的,客户须有权访问服务商的数据中心和信息。事实上,客户需要保留审核云服务商合规措施的权利,因为服务商是客户企业的延伸部分,且客户需要保持对云端存储数据的控制。但是,另一事实是服务商可以不让客户进入多用户共享的数据中心,因为允许客户这么做可能损害其他客户的数据。不过,云服务商可以安排由普遍认可的中立审核公司对其系统进行定期的全面审核,并向全体客户公布结果。如果客户要求在审核清单上增加项目且愿意承担费用,而该项目又在服务范围之内,那么服务商可以在下次定期审核时扩大审核范围。相比之下,单个客户的审核会扰乱服务商的正常运作,且耗费巨大;而共享审核也未必能够提供更多信息,不见得必要。

外包数据处理活动(到云端或异地)的操作步骤

企业想把个人数据提供给云计算服务商或其他服务商,应采取如下步骤: 5.23

➢ 对服务商及其分包商保护数据安全的技术和组织措施进行尽职调查。

➢ 与服务商订立合同,约定服务商必须:(1)仅为客户利益代表客户处理客户的数据并服从客户指示;(2)按合同约定采取充分的技术和组织措施保护数据安全;(3)承担客户由于数据处理外包而无法亲自遵守的合规义务;(4)告知客户任何可能影响数据安全的变更和数据安全事件;(5)赔偿客户由于其未履行合同义务造成的一切费用和损失(并保证有足够的赔偿能力);(6)提供合理的审核报告;(7)按要求交还或删除客户数据(可以有合理的过渡和补偿)。

➢ 采取技术和组织措施确保员工使用云计算系统时能够保护数据安全,如采用访问控制措施和从云系统中安全存取数据政策等。

服务商想要提供有吸引力的云计算方案,则应做到如下几点:

➢ 了解相应客户的合规需求,有针对性地提供标准合同、认证、审核报告和披露信息,以尽到法律义务。例如,服务商应当考虑接受 SSAE 16/SOC 审核,披露并按行业标准[如支付卡(PCI)行业的标准]认证具体信息安全政策。美国的服务商还需考虑加入欧盟—美国隐私盾项目,签署关涉控制者向处理者转移数据的欧盟标准合同条款;如涉及个人健康信息,还应签订 HIPAA 商业伙伴协议;根据《加州消费者隐私法》,签订合同以防止个人信息的出售。

➢ 与外包商和分包商签订的合同要充分保证能够满足其对客户承担的合规义务(如只有全部有权访问客户数据的外包商都承诺满足相应要求后,服务商才能提出签订欧盟标准合同条款,从数据控制者处接收数据)。

➢ 采取有效的技术和组织措施,保证每种类型的数据都在合适的安全保护层级(如税务信息肯定要求很高的安全措施)。

➢ 通过合同避免承担客户行为或失误(如上传非法数据或恶意代码)造成的后果,避免背负从商务角度看由客户承担更为合适的责任(如支付响应政府调查或数据访问需求、提前解除合同、特别审核要求、特别数据访问和删除要求等的费用)。

5.4 数据保留和数据住所要求

5.24 数据隐私(data privacy)、数据保留(data retention)和数据住所(data residency)——也称"数据本地化"(data localization)或"数据主权"(data sovereignty),是经常搞混的概念。作为数据隐私法的修正案,俄罗斯通过了世界上第一部宽泛的《数据住所法》并于2015年生效。但是,数据隐私和数据住所要求其实非常不同,目的和效果截然相反:数据保留和数据住所要求旨在确保政府官员、法院、审计师和其他人能够在必要时访问到数据;而数据隐私法则是为了限制他人获取和访问个人数据。举例而言,如果法律规定对数据转移限制,那么企业就不能随意把个人数据转到域外。欧洲国家限制跨国数据转移已经几十年,就是为了保护个人隐私。但是,纯粹的个人隐私法并不包含保留数据的最小期限(数据保留)或特定地域(数据住所),因为这对保护隐私不利。数据隐私法关注个人数据不被政府和企业利用;而数据保留和数据住所要求则是为确保对个人数据的访问,是不利于隐私的。

企业常常在数据隐私法、数据保留和数据住所法规之间左右为难,因为这两种法律的要求时常相互冲突。欧洲式数据保护法要求企业删除不再正当需要的数据,因此对于个人数据企业常常执行最短的保留时间。其他法律则硬性规定数据的保留期限,要求企业在该期限内必须保留数据,以供税务、执法等部门查询。此外,会计准则、合同和业务需求也常常要求企业把数据至少保留一段时间,如供用户查询账户信息、保留证据以供诉讼之用、记录员工表现用于人事管理等。因此,对于任何一类数据,企业都要考虑三种数据保留期限:法定最低期限、企业业务需要的期限和法定最高期限。更何况,这些要求还因地而异,不仅有针对单条数据的规定,还有针对每类数据和不同处理目的的规定；这无疑使问题复杂度飙升。如果一份文件同时用于几个目的或几个法域，理论上来说可能会要部分保留而部分删除。此外，美国法律还要求企业在某些情况下保留可能与诉讼相关的证据（诉讼保全），这条规定的效力强于一般的数据保留政策。

很多企业无力创建太过复杂的合法合规的文件保留项目，只好选择无限期保留文件。由于违反个人数据法定最短保留期限的风险更大，两害相权取其轻，企业宁可选择违反数据保护法关于数据最长保留期限的规定。在这种情况下，数据越存越多，对于企业来说，不仅履行诉讼文件保存义务的成本增加，而且一旦发生数据安全事件，遭受的损害也更大。

有的企业采用分类法设置文件保留期限，列明文件类别和不同法域内最短、最长、合适的文件保留期限，并总结保留制度。业务规模大的企业可能会处理成百上千类不同的文件，必须创建烦琐表格加以应对。表 5 可作为参考（仅展示样式和创建表格时的一些考虑因素）：

表 5　各类文件保留期限表示例

文件类型	业务所需合适期限	最短期限，出处（法律）	最长期限，出处（法律）	保存制度
顾客发票	4 年，诉讼时效	3 年，销售税法、会计准则	直到不再需要，数据隐私法	3 年原件、5 年电子版，然后删除；标记留存的除外
求职者申请表	无限期	1 年，反歧视法、证据保留	直到不再需要，数据隐私法	如录用则雇佣期加 5 年，未录用则 1 年原件、5 年电子版；标记留存的除外

续表

文件类型	业务所需合适期限	最短期限，出处(法律)	最长期限，出处(法律)	保存制度
电子邮件	取决于内容,180天(但员工可自行选择存储更长时间)	取决于内容	直到不再需要，数据隐私法	服务器副本及备份保留 180 天，然后删除备份。员工可将副本拷贝到个人文件夹。员工离职后,个人文件夹保存4年
热线举报人报告	无限期,供长期参考	直到诉讼风险消除	决定不启动调查后3个月	不启动调查则3个月后归档,否则保留到调查完成并采取行动

为了确定最短、最长、合适的保留期限及保留制度的各种形式,企业必须与各利益相关方、相关领域专家商讨(如数据隐私律师未必熟悉文件保留要求和税法、公司法、海关法、劳动法中的各类期限规定)。如果企业在多个法域从事经营、设有子公司、存在顾客,那么前述努力和资源投入也需要相应翻倍。更何况,法律与业务时常变化,有时候我们刚做好某个国家的文件保留期限表,差不多就要开始对时间表进行新一轮的修订了。

关于文件保留,由于完美的合规成本超高,但置之不理又风险巨大,一些企业选择走中间路线,即仅为关键文件制定保留期限表和制度。不再精确落实每项文件的最长和最短保留期限要求,而是选定一个既能满足大多数文件最短期限(如 10 年)要求,同时又不长到几乎接近“永久”的期限作为默认保留期限。然后,对于保留费用和风险特别高的文件类型如电子邮件、信用卡号、系统日志和某些书面记录,适用较短的保留期限。此外,企业可以按部门逐步推行文件保留期限制度,先捏“软柿子”,如人力资源部和会计部,他们往往已经有相应的内部系统和行业标准,比较容易参照执行。

5.25 如果关于某数据主体的数据是虚假的或者某企业当初无权收集该数据

（如未获数据主体同意），那么数据主体有权要求企业删除该数据。但是，数据主体对其数据并不享有财产权或者绝对权力，可以任意请求第三方删除其数据。欧盟《通用数据保护条例》、俄罗斯国内法、《加州消费者隐私法》以及越来越多国家的法律确立了“被遗忘权”，认可自然人有权要求清除困扰其个人、可能准确但已不再有意义的信息。这些法律保护了个人的隐私，但同时对信息自由和言论自由提出严重挑战，因为“被遗忘权”常常被误用来压制批评和掩盖过往丑闻。数据控制者需要根据可适用的例外情况和抗辩来开发协议，以适应或抵制删除请求；这些例外和抗辩因管辖权而异，但通常包括他人的权利、信息自由流动、档案留存和法定的保存记录义务。

数据处理者应在技术和服务规范中说明如何解决常规删除和按需删除的问题。例如，采用分阶段的方法，即在第一步中停用账户，然后标记数据存储资源以“覆盖”、加密或置乱数据，并最终销毁磁盘、磁带或其他物理存储介质。他们的客户（数据控制者）需要知道这些信息，以避免在隐私通知或数据主体对数据删除请求的响应中虚假陈述。此外，如果数据控制者和处理者在一开始就在引用纳入服务合同的技术规范细节上达成一致，那么在第三方对数据删除方法和时间框架质疑时，他们更有可能调整自己的立场。在客户因第三方质疑而要求自定义删除费用方面，数据处理者可以通过清晰的合同条款和服务描述，降低与客户发生纠纷的风险。

5.5　员工数据、员工监控

雇主会为了种种目的通过各种系统收集求职者、员工和离职员工的数据。在这种情况下，雇主不仅需要遵守数据隐私法的限制，还要遵守旨在保护劳动者权益的劳动法。各国劳动法规定差别颇大，即使在欧盟之内也是如此。

招聘与背景调查。作为雇主，企业应当认真准备问题清单，确保应当也可 5. 26

以向求职者(如通过招聘网页或面试)和背景调查公司提出这些问题。背景调查在许多国家很常见,但在有些国家可能因缺乏数据而往往无功而返甚至违法。企业要详加了解背景调查公司所做查询的来源与合法性。美国一些州限制查询征信与驾驶记录,即使获得员工同意都不行。在某些法域,企业必须保留求职者的简历达到一定期限,而在另一些法域,未被企业录用的求职者常常可以要回自己的申请材料,甚至法律要求企业应退回申请材料。

员工档案。许多国家的法律规定员工档案可以包含哪些(最多)内容,又必须包含哪些(最少)内容;同时授权员工查询档案,包括其事先要求更正、删除不准确或过时的个人信息。而且,员工档案中不得纳入涉及犯罪和处罚的信息,或者可以纳入但必须在一段时间后予以删除。在劳动法规定的范围内,雇主可以也必须处理员工数据。由于劳动合同或各类税务、社保和劳动法规要求雇主收集和处理员工数据,雇主一般不会面临严重的数据隐私法律问题。不过,一旦雇主想要超出法律要求处理数据,就必须考虑数据隐私法的规定,尤其要注意处理多国员工信息的全球人力资源信息系统、举报热线、员工监控和员工调查。

5.27 **员工同意**。雇主应该认真考虑向员工寻求同意的影响。一旦在某问题上请求员工同意,雇主就设立了预期或合同权利,意味对这个问题在未来做出改变也要获得同意。在大多数欧洲经济区成员国,员工同意被推定为因胁迫产生,是无效的,除非员工同意仅涉及可任意选择的附属项目(如美国母公司的员工股票期权、公司差旅中的航空饮食偏好、员工与紧急联系人的关系等)。即使不被推定为胁迫,员工也有权回绝或撤回同意,这对那些需要全员参与的项目而言就有点儿麻烦。因此,大多数雇主仅在有法律要求或很容易获得的情况下或者仅在那些员工真正能自愿接受或拒绝的项目中,请求员工同意。

5.28 **全球人力资源信息系统**。人力资源信息系统也称作“全球员工数据库”,常常被跨国企业用来筹划全球的人力资源需求、职业发展和支持跨国合作。出于经济效率、数据完善和安全的考虑,跨国集团企业常常使用全球员工数据库,而非建立每个国家的本地系统。运营 HRIS 涉及收集大量数据,与集团公司内的关联企业分享个人数据以及跨国个人数据传输。跨国集团公司内的用人企业若要利用 HRIS,必须要克服三个障碍:

➢ 障碍一:作为雇主的法律实体必须有正当理由为 HRIS 收集数据。作为雇主的实体一般比较容易克服这个障碍,因为雇主出于管理劳动关系目的(如发工资、扣税、福利、考评等)就已经可以或必须收集很多必要数据。但若集团总公司位于国外,则要考虑系统里要求填写的一些栏目是否为其他国家法律所禁止收集的个人数据。如美国公司经常收集种族数据,而德国公司经常收集宗教数据(因为出于薪酬合规目的必须扣除教会税),但在其他国家一般来说,法律禁止收集个人的种族和宗教信仰数据。因此,企业开始填写 HRIS 前应该先评估某类数据在某法域是否允许收集。

➢ 障碍二:雇主必须有正当理由通过 HRIS 把数据分享给企业集团内的其他公司。在很多国家,雇主实体对这种数据转移能获得员工同意,不存在操作问题。但在大多数欧洲经济区成员国,员工同意被推定为因胁迫而做出从而无效。因此,若非有百分之百的必要,很多跨国企业尽量不去寻求员工同意,而是把组织运作需要和"正当利益例外"作为数据转移的理由。例如,跨国企业通常基于下列考虑认为有必要进行跨国数据分享:

- 所有集团公司都需要员工的基本信息,包括姓名、职位、资质和联络方式来实现集团内的全球协调、通信和团队协作。

- 集团总公司和"有必要知情"的其他集团公司领导层需要掌握员工表现和薪酬信息来规划和管理全球人力资源,包括但不限于评估员工配备是否合适,员工是否胜任某工作、是否可晋升和借调以及集团公司之间的财务管理和薪酬成本的相互结算。

- 如果集团总公司直接向子公司员工提供服务或福利(如员工股票期权),则按总公司需要额外数据来提供和管理相关计划和项目。

- 集团总公司为子公司的法律合规事项承担责任,也有正当理由关注子公司合规情况,如国际禁运、反贿赂法、海关要求、反垄断事项等。

不是所有的员工数据都是企业可以或必须收集的,因此出于上述目的,企业需要认真评估对哪些类型的个人数据存在正当需求。即使集团内的其他公司对某类员工数据暂时尚无使用需求,为其提供数据处理服务的企业依然可以在维护 HRIS 系统中录入该数据,只要设定仅限该类员工的雇主企业有权限出于其目的访问即可。

➢ 障碍三:为克服跨国数据转移的限制,企业必须选择和实施具体的合规机制满足欧洲和其他多个法域的法律要求(参见第二章)。大多数法域并不明确限制个人数据的跨国转移,或者允许企业通过获取员工同意来解决数据转移中跨国环节的问题。

5.29 **监控技术**。企业有义务采取合理措施确保员工遵守法律、履行工作职责以及保护企业的利益、知识产权和数据。作为这些措施的一部分,很多企业部署技术确保网络安全,监测和防止知识产权遭到窃取、办公电脑过度私用、员工非法行为或不当行为。企业还可以利用这些技术满足法定、监管和行业要求,如防止工作场所骚扰的法令、要求公开通信保留的证券交易规则以及数据隐私法关于数据安全的要求。在 2019 年 5 月,欧盟法院裁定企业必须通过客观的、可靠的和可使用的系统来监测每一位员工的日工作时长。

现今的网络安全工具能够监控员工使用办公电脑、智能手机、网络和系统方方面面的情况。这类工具可以记录网站访问地址和实际收发数据的内容,包括用户向网站提交的格式数据和用户对外的电子邮件和聊天记录全文。一些企业还部署安防摄像头(在办公区域或通过笔记本设备),记录键盘敲击,通过车辆和设备上的无线射频识别(radio frequency identification,RFID)标签监控员工位置。

由于非常有效,这些监控技术被要求用来支持企业数据隐私和安全法律合规工作。但是,这类技术也可能侵犯员工及与员工通信的企业外部人员的隐私。因此,企业使用监控技术时必须要考虑各种限制。

在美国，大多数隐私法律对监控的限制仅存在于被监控对象具有合理隐私预期的场合，即法院认定在具体情形中当事人具有真实隐私预期是合理的。企业通过显著、详细、措辞宽泛的通知即可消除员工的真实隐私预期。但对于与员工通信的第三方（客户、供应商、私人联系人）的真实隐私预期和权利，企业则更难以消除，但是企业可以在向员工外发的电子邮件、网站、合同和通话中心语音答复中加载附件或说明，表明企业的监控行为。此外，雇主也可以通过合同约定要求员工向其外部联系人告知企业监控行为。企业附加的通知必须与时俱进，覆盖所有已部署的技术，否则法院有可能认定员工和第三方存在有限但合理的隐私预期。美国企业还应该认真考虑各州对侵犯性特别强的监控形式——更衣室内的摄像头（在加州是非法的）、通过 RFID 标签和类似追踪技术的位置追踪（在加州也被禁止，经追踪对象同意的例外仅限于某些车辆位置追踪）、截取实时通信如传统电话通话、短信、即时信息等，很可能还有电子邮件（美国很多州要求必须获得通信各方一致同意方可截取）的法律要求。对于过滤垃圾邮件和病毒是否要求各方一致同意才能截取的问题，目前美国法院尚未完全确定立场，但大多数企业似乎对此不太担心，毕竟世界各地的企业和政府都在广泛使用这类过滤技术。但是，一部分企业决定将决定权留给员工，让其自行决定是否开启垃圾邮件过滤，从而消除企业违法截取通信的风险。对于通信接收人而言，多数法律都允许自由选择过滤或处置通信，尽管未取得各方一致同意的语音通信录音还是受到一些限制。

在欧洲和一些非欧洲国家，无论是否存在合理的隐私预期，员工和数据主体依法均不得被监控，不得遭受侵犯。除美国外，多数国家的劳动法要求企业必须就劳动环境改变与员工达成明确的书面协议，其中包括采用监控技术。在某些国家，企业可以处罚或开除不同意的员工，但在欧洲这样做一般行不通。此外，在大多数欧洲国家，员工同意被推定为因胁迫而作出，因而无效。如果有证据支持员工的违规行为，欧洲企业可以正当搜索员工的电子邮件，但部署长期持续监控技术很难被认为是正当的，可能需要与员工集体代表（如工作委员会或工人联合会)达成协议并获得数据保护机关、劳动法院和其他政府机关的事先批准。因此,很多企业不会让欧洲员工接受持续监控,除非另有情形导致违规疑虑(如收到具体投诉或管理层观察潜在违规)。

就跨国公司的全球监控系统而言,停用某一国家或地区的监控功能并不容易。一些企业尝试通过合同约束技术人员,施加义务使其不得对欧洲员工激活或积极使用某些监控功能。从理论上来说,企业也可以克服困难,彻底禁止员工把公司设备和通信网络用于私人目的,因为单纯访问业务信息所受的监管要少得多。但是,这么做对大多数雇主来说并不实际,而这样的政策如果执行得不彻底(如企业宣称禁止员工出于私人用途使用网络的政策,但实际中又容忍员工这么做)就不会被法院认可。

一些企业允许员工出于私人目的使用办公计算机系统,但条件是员工必须明确同意被监控。同意的员工可以在监控下出于私人目的使用办公系统。与此类似,想使用自己的智能手机或其他设备处理工作的员工,可以按企业的"自带设备"项目(Bring Your Own Device,BYOD)进行,但条件也是必须同意让其自有设备接受与企业办公系统一样的监控和安全措施。这样做的话,一旦该员工的个人设备失窃,企业可以远程删除该设备中的全部数据(包括员工的照片),也可以搜查接受企业管理的员工个人设备或就其申请诉讼保全。不同意的员工若使用企业设备还是会受到监控,此时监控不会不合理地影响员工隐私,因为其已经表明不会将公司设备用于私人事务。这种政策看起来会确保员工的隐私,在员工隐私利益与企业正当数据安全合规利益之间达成平衡。至于法院与政府是否会全盘接受这种安排,目前尚不清楚。

如果企业不遵守前述法律要求,就存在违反劳动法、隐私法、监听法和其他法律的风险,甚至引发严重的刑事责任。在一起法国知名案件中,雇主搜索了员工存储在公司系统中的电子邮件并发现该员工在工作时间利用公司资源非法进行同业竞争的证据。但由于搜索员工电子邮件被认定为非法,雇主不得不重新聘用这位不忠实的员工,并支付赔偿金。此外,企业还可能会收集到尴尬的证据：按照某个法域的法律，企业有义务基于这些证据采取法律行动；而根据其他法域法律的规定，企业却又不得持有或使用这些信息。

总而言之，作为雇主企业应该做到：

➢ 跟踪购买和部署的记录员工活动的技术，既包括主要用于监控的技术（如安防摄像头、键盘敲击记录、网络浏览记录、通话录音、自动电子邮件保存和位置追踪设备），也包括主要用于其他目的但同时无须员工特意行动就自动记录数据的技术（如电子邮件过滤、网络安全工具和用来追回失窃设备的位置追踪技术）。

➢ 部署和记录数据保护意向性评估。根据相关法域的法律逐一评估部署技术的合法性：是完全非法，还是部分受限？是否应依法告知员工和外部数据主体或获得其同意？

➢ 考虑能帮助满足法律限制的行政措施和组织措施，如允许员工设置和控制并非主要用于监控的工具（如垃圾邮件过滤程序）。

➢ 准备和维护详细的告知和同意书（分别供员工和外部数据主体、企业设备和员工自有设备使用），如果有关于企业所采用技术的时常提醒（如登录界面弹窗）和内部程序作为补充就更理想了。

➢ 与工作委员会和员工集体代表进行协商（在美国以外仅限当地法律如此明确要求时）。

➢ 向数据保护机关、劳动法院或其他政府机关提交申报或请求授权（在美国以外仅限当地法律如此明确要求时）。

调查。当调查某位员工的具体需求产生时，企业应该评估被提议的调查 5.30
方法在数据隐私和劳动法下的合法性，并考虑如何利用收集到的证据。

发生紧急情况时，企业定然首先关注如何停止有害或非法行为（如商业秘密即将被窃）。企业可能会决定快速采取行动，无法坐等隐私法下复杂法律分析的完成。在这种情况下，企业需要小心紧急行动带来的隐私法和劳动法风险，而且收集到的证据恐怕不能在后续指控犯事员工的法律程序中被采信。

如果情况并非紧急,企业需要认真考虑作为和不作为的利弊。在某些情况下,向全体员工发送一条关于企业政策的提醒可能足以解决某一具体问题;这么做可以降低风险,也不会引发劳动法或隐私法问题。不过,若在某事件中企业要决断是否部署或利用某些监控技术或采取其他方法展开调查,企业除了应考虑受其影响法域全部可能相关法律外,还应考虑如下内容:

➢ 对可能受影响的员工和外部数据主体,按要求核实其是否已接到充分告知或已同意相关监控。

➢ 是否已按要求征求员工集体代表的意见并向政府提交申报或获得批准。

➢ 确定是否存在建立跨国数据转移的必要法律依据。

➢ 通过所提议的监控或调查,针对员工或外部数据主体获取的证据是否能被后续法律程序合法采信。

5.31 **举报热线**。美国证券交易委员会及各大交易所要求美国上市公司建立热线电话,允许举报人匿名报告公司合规问题。此外,很多企业认为有必要建立举报机制,以降低经理人、员工和供应商对合规的消极态度所带来的风险。因此,很多美国企业和越来越多的非美国企业通过专门网站和呼叫中心运行举报热线机制。自从 2018 年以来,员工人数超过 50 名的法国公司和公共部门必须根据国家针对透明度、反腐败和经济生活现代化的法案(Sapin 2 Law),建立一个吹哨人报告机制。

另外,欧洲数据保护机关担心热线电话和匿名举报会被滥用并伤害员工。举报机制可能会处理和存储敏感数据,而被举报的员工既不知内情也无法为自己辩护,尤其当数据来自匿名举报且调查结论是在其他国家按外国法律做出时。例如,一家美国公司可能会指示其加拿大或德国子公司开除一名员工,理由是该员工违反美国禁运法,但该员工按照加拿大或德国的法律并无遵守美国禁运法的义务。20 世纪,欧洲法西斯主义国家匿名举报之“殷鉴”不远,因此一些欧洲数据保护机关要求企业实行举报热线之前必须获得政府批准,很多国家还对举报热线合规项目施加了诸多严厉限制，尤其是在如下方面：

➢ 接受举报的指控类型（犯罪或违反公司行为准则）；

➢ 举报是仅涉及经理人，还是也涉及其他员工和业务伙伴代表；

➢ 是仅限于某些指控，还是全部指控；

➢ 如果举报线索处理完毕，可以保留举报信息多久（一般不超过两个月）。

设有欧洲子公司的美国企业必须认真评估集团企业在所有相关法域的法律义务。如果企业决定其没有义务或兴趣在欧洲设立举报热线，可以在集团热线项目中排除欧洲。如果企业认为确有必要在欧洲建立举报热线，那么必须决定是建立符合欧洲各国更严苛要求的统一举报机制（统一系统会提高管理效率，降低管理成本，但执行起来不可避免会打点儿折扣），还是尽可能建立在每个法域都能接受匿名举报的机制（要求每个国家都有本地化的举报机制，这会导致企业在法律方面的投入大增，且各国有不同的举报规则）更好。无论如何，每个参与该举报项目的欧洲子公司都要告知其员工该举报机制在数据处理方面的情况以及员工个人会如何受到举报的影响。此外，某些企业实施举报热线之前还要获得当地政府的批准。

社交媒体。关于如何制定政策约束员工使用博客和社交媒体的问题，企 5.32
业常常左右为难。从原则上说，约束其他类型的员工通信行为也存在类似困难。如果员工陈述和披露其与企业的雇佣关系，那员工的陈述就会被算到企业头上，不论这些员工陈述发布在纸质媒体、新闻公告还是社交媒体上。这些陈述可能会影响企业的声誉，也可能会被认为是企业的广告、保证、财务预测等，或与正式渠道的消息不一致。因此，原则上企业应该像对待传统通信形式一样对待社交媒体，确保在内容发布前经过充分审查。审查请求的总量可能让企业不堪重负。企业需要判断社交媒体上的通信到底有多大价值，或者限制审查范围，或者投入更多资源承担审查工作。

➢ 但当员工谈及企业事务（如产品、服务、财务状况等）而未披露与企业的关系时，这类陈述可以轻易误导公众。企业必须确保遵守反不正当竞争法下关于匿名营销、隐性广告等规定。很多企业干脆禁止这类员工行为。

➢ 招聘人员和人力资源部常常发现求职者和员工特别有趣的信息。社交媒体为这类信息提供了丰富的资源。在原则上,我建议招聘人员只检索可以当面向求职者提问的信息。美国不少州已经明令禁止雇主、大学和其他某些组织要求候选人提供社交媒体用户账号,即使在不适用该明文规定的其他州,雇主等的这种做法一般也违反社交媒体提供商的使用条款,因此构成违反计算机干扰法(包括美国计算机欺诈与滥用法)。企业人力资源部还需要考虑如下情况:

- 如果求职者明确同意招聘人员对其信息进行访问(如在申请材料中提及个人页面),则招聘人员参考该页面一般来说不存在问题。对于求职者不附加任何限制公开发布或传播的内容(如完全公开的个人网页),在招聘过程中也可参考。但对于仅针对某受限群体开放的社交页面则要多加小心。这时人力资源部应该只参考社交平台上专为工作目的发布的数据,而非纯私人性帖子(即使能访问该等内容)。故意隐藏身份(如通过匿名账户或"假好友申请")的访问依据大多数法域的法律均构成不正当商业行为或虚假陈述。

- 即使在某些法域一般的网络检索合法,企业也应该认真考虑获取太多求职候选人的信息对自身是否有利。在社交媒体平台上,企业很可能一不小心就找到宁可不知道的敏感信息如候选人的性别、性取向、种族背景、残疾情况、政治意见、工会活动、宗教信仰等。为了降低这些信息带来歧视指控的风险,企业可以让不同员工分别负责网络检索和候选人筛选工作。进行检索的员工发现法律禁止用于筛选并可能引发歧视指控的信息,对此企业要指示该检索员工不得把此类信息传达给负责筛选的员工。与此类似,大型企业应该对网络检索的总量和方法实行统一的标准和做法,并小心核实检索结果的准确性。

➢ 企业的社交媒体政策还应考虑如下问题:

- 保密义务;

- 限制在工作时间或使用企业设备出于私人目的使用社交媒体;
- 信息、账户等的所有权(如员工离职必须转交推特账户和账户关注人列表);
- 禁止骚扰同事;
- 披露对员工的监控情况;
- 遵守反垃圾邮件法。

5.6 财务信息

财务数据尤为受到关注。立法者和行业协会对财务数据创设了各种具体法律要求,企业须遵守如下规定: 5.33

➢ 根据美国多数州的法律和越来越多其他国家的法律,如果发生数据泄露或丢失某类财务账户信息,企业必须告知数据主体,除非该数据已加密;

➢ 根据美国一些州的法律,企业不得传输或存储美国社会保障号,除非该数据已加密;

➢ 根据支付卡行业标准,银行、商家和其他相关企业必须加密某些信用卡和交易相关信息,并采取其他数据安全标准;

➢ 根据很多法域的法律,征信机构必须每年向数据主题免费提供一份征信报告并按数据主体的要求更正数据;

➢ 根据某些法域法律的规定,企业在做出某些评判时不得参考征信报告。即便可以这么做,一旦企业根据征信报告中的信息做出不利于数据主体的评判时,必须事先告知数据主体,使数据主体有机会采取行动保护自己。

此外,金融服务提供商在很多法域要遵守具体行业的数据保护和隐私法律,其中就包括美国《格雷姆—里奇—比利雷法》。

5.7 政府调查、信息查询要求

5. 34 关于向政府提供哪些数据以及如何处理非常规的信息查询要求(如为了配合政府调查),企业应该制定和遵守明确的规则。法律通常规定企业在某些情况下存在向政府披露数据的具体义务,但是数据隐私法也会限制企业可披露数据的范围。仅仅因为警方想要获得某些数据并不意味着法律允许进行该披露。

涉及跨国时,这个问题尤其值得注意。很可能出现这种状况:依据某国(如美国)法律,企业有义务披露某数据;但依据另一国(如瑞士)法律,则不得披露该数据。这类情况要求我们对管辖权进行深入分析。如果法律冲突无法解决,企业就不得不基于风险做决策:遵守哪些法律,违反哪些法律。欧洲航空公司就曾面临这种进退两难的窘境。当时美国机关要求获取某些乘客数据,如果欧航不提供就要施加惩罚;同时欧洲数据保护机关则禁止欧航披露该数据。还有一些案例发生在美国税务机关调查环球同业银行金融电讯协会(Society for Worldwide Interbank Financial Telecommunications,SWIFT)和瑞士多家银行并要求这些金融机构提供美国纳税人持有的海外银行账户信息。在这些案例中,欧航和金融机构在美国的压力下屈服,披露了个人数据,即便这么做明显违反欧洲数据保护法、银行业保密法和其他法律中关于禁止披露个人信息的规定。还好企业并不经常面对两国互相矛盾的数据披露法律要求。更常见的情况是企业可以通过事先规划避免或减少法律冲突。例如,企业可以把服务器设立在更可能接受政府信息访问要求的法域,避免为响应政府查询要求而进行跨国数据转移(否则跨国转移可能在某些法域违法)。再如,企业可以事先让客户同意在某些情况下披露其数据。集团企业还可以认真设计结构尽可能地回避管辖权重合,如把不同数据库和业务线设立在分离的实体和法域中。

不过即使在单一法域内,企业也可能在数据隐私法禁止披露数据的情况下收到政府机关查询某些数据的要求。企业在收到非正式的查询要求、有缺陷的传票、搜查令和法院令状的情况下披露数据,有时会被受此影响的数据主体起诉,也可能因非法披露数据而被其他政府机关处罚。对于政府查询正当性的善意信赖并非企业的绝对抗辩理由。经常受到政府查询要求的企业应该制定清晰的应对规程,明确数据披露的条件和流程。对于不常见的查询要求,企业至少应该有一套基本流程如“非经公司法务或数据保护官批准不得披露数据”等。

在法定禁止或允许披露的规则下,企业通常还有一些自行判断的空间,这时应基于商业目的审慎决断。当客户遭受欺诈或有客户向企业投诉其遭受其他客户欺诈时,企业多半会想在法律允许的范围内向警方提供尽可能多的嫌疑人信息。相比之下,金融机构可能觉得向海外税务机关披露的客户信息越少越好,因为这种披露很可能影响客户、客户关系和企业业务。因掌握用户身份、位置的证据和信息,电信企业、互联网服务提供商和社交企业往往被夹在用户、政府机关和法院三者之间。取决于业务的具体情况,这些企业一般倾向于不披露或者根据个案情况采取不同倾向(如帮助警方抓捕恋童癖和诈骗犯时更倾向于披露信息;而对涉及侵犯名人名誉权的案件或对异议人士进行政治追查的案件,则倾向于不披露信息)。企业制定披露政策时需要考虑的另一重要因素是处理政府查询要求所消耗的成本和资源。在企业对企业的业务中,数据处理服务商(如云计算企业)可以尽量通过合同约定把响应政府数据查询的成本转嫁给企业客户。但如果客户是普通消费者,那么消费者点击接受的补偿和偿还条款可能无效甚至非法。

基于种种考虑,企业应该认真制定内部规程、发送给数据主体的外部隐私通知、政策陈述和合同。在隐私通知、陈述和合同中,企业可以减轻披露负担(如征得数据主体对企业披露政策的同意或事先告知该政策,从而抑制用户对公司甚至对政府的隐私纠纷),也可以加强对抗政府查询要求(如在隐私陈述和合同中向用户就数据披露问题做出严格保证,以此作为不配合政府信息查询要求的依据)。同时,基于政府机关可能要求数据的范围以及企业想要披露的范围,企业也可以决定数据保存多少、保存多久(当然也要遵守数据保留和销毁的法律规定)。一旦某项政府查询要求可能导致违反另一法域的法律,企业可以尝试通过协商缩减数据披露的范围。有时法院和政府机关会尊重国际礼让,尤其当查询的数据存储在境外时(如掌握在境外子公司手里)。但是,美国法院对诉讼相关的证据开示要求一般采取的立场是只要数据存储在美国境内或者从美国境内可以读取,不管外国法怎么规定都必须要按照美国法予以披露。

如果企业认定依法不得响应某一政府的查询要求或者认定无法定义务且基于商业原因不愿配合该查询要求,那么在拒绝政府要求时可以主张数据保护法或相关数据主体的数据隐私利益作为抗辩理由。企业也可以把政府查询要求告诉数据主体,让数据主体有机会直接质疑政府。但是,企业一般不能直接主张自身的隐私权,因为企业通常不在数据保护法范围之内。仅有少数国家(包括澳大利亚、意大利和瑞士)认可法人实体的数据属于"个人数据"。

在某些情况下,企业或许能对自身的信息主张商业秘密或者数据隐私的法律保护,还能以政府信息要求过于繁重或者要求查询的数据与查询目的无关作为抗辩理由。

5.8 健康信息

5.35 关于健康相关信息,企业必须遵守欧洲数据保护法关于"敏感个人数据"的严格限制,因为这类数据尤为重要,泄露后果严重(如健康信息可能使数据主体受到雇主和保险公司歧视)。尤其要注意,欧洲数据保护法要求在处理健康信息和其他敏感个人数据前必须获得数据主体的明示同意。

在美国,医疗保健提供商及其服务提供商必须遵守针对该行业的立法,包括 HIPAA 和一些州法。不与医疗保健商或健康保险商合作的企业（如网络消费者健康相关信息服务）可能根本就不属于 HIPAA 的范围，就算他们确实收集和使用个人健康信息。从 2015 年起，美国加州医疗隐私法开始覆盖某些网络服务和软硬件提供商，只要其产品与健康保健有关。如果某企业有意向与美国医院、医疗保险公司和其他受 HIPAA 监管的企业合作，必须评估这种合作是否使其成为 HIPAA 所定义的“业务伙伴”，响应相应的合规负担在经济上能否接受。大多数服务提供商能应付 HIPAA 的数据安全和保留要求，但是对一些公司来说，遵守数据访问和删除义务以及要求所有分包商签署业务伙伴协议存在困难。在实际操作中，属于服务提供商的企业（云计算、软件即服务、数据处理）应当认真分析其作为“业务伙伴”的义务，以及如何能做到合规，哪些义务可以在合同中向客户做出承诺。一些服务商过去争辩说他们即使收到健康数据也不能算“业务伙伴”，因为他们的角色是“纯通道”（如电信和邮件服务商、数据存储公司、平台即服务、软件即服务）。但是美国政府对此从未承认，还在其 2013 年发布的指南中否定了这种观点。此外，客户未必理解或赞成这种立场，客户的疑惑还会拖累公司业绩。如果服务商觉得能做到作为 HIPAA“业务伙伴”的义务并能成功涉足医疗行业，那么应该准备标准合同模板、数据安全机制描述以及审阅客户合同和要求的要点清单。

在实践中，非医疗保健行业的企业为免受监管，应尽量不收集与健康相关的个人数据。企业为管理员工福利、安排残疾员工或处理工伤案件，可能会收集一些健康数据，但一般不需也不应该把信息分享给关联或非关联公司，除非有法律要求或者根据数据处理服务安排接收者仅为数据处理者（如共享服务中心、统一数据存储服务等）。企业应尽量把与健康相关的个人信息隔离在全球人力资源信息系统之外（系统可以记录员工不在岗的天数，但不应该记录具体的“病休”天数）。此外，偶尔为员工提供保健服务或健康项目（如流感疫苗注射、按摩、运动记录）时，企业应该让服务商和员工之间直接对接，从而避免收集或分享员工的个人健康信息。

在临床试验情境下,医疗保健提供方、研究人员和开发人员必须在有关数据隐私、职业责任、伦理标准和医疗产品等法规下,遵循复杂的同意条件。它们在征询患者同意时,应仔细考虑并披露所有已知的数据使用和传输计划或可能性,以确保以后能够将有价值的研究结果用于所有可能的合法目的。临床试验结果不受《加州消费者隐私法》中出售个人信息的限制,并享有与欧盟《通用数据保护条例》限制相关的一些特权。

5.9 物联网、大数据、数据经纪人

5.36 由于手机和无线通信连接已无处不在且费用合理,设备制造商出于各种目的给越来越多的产品加上互联功能。自动驾驶汽车、无人机和其他设备可以也必须远程联络,以便在彼此之间与第三方(包括骑行者和步行者)交换信息。“物联网”、“万联网”或“机器对机器”(machine to machine,M2M)经济和通信旋即产生关于设备本身、设备主、控制者、操作者、乘客和其他靠近设备传感器之人的海量数据。除去通知、同意和责任方面的忧虑,监管部门和消费者保护机关还尤为担心与大数据(或更广泛的巨大数据覆盖面)相关的数据安全风险。世界各地的人们无不忧心忡忡:就连强大如美国国家安全局都无法确保数据安全,那么安保措施远远比不上它的工业系统和消费产品在数据攻击面前就更加脆弱了。美国联邦贸易委员会已惩处了一些销售设备数据安全措施不充分的企业,如销售带有网络访问功能的安防摄像头且用户不会修改默认访问密码、销售在更新时包含已知安全漏洞软件的企业。从 2020 年 1 月 1 日开始,对于在加州出售的联网设备,设备制造商必须设置合理的安全功能以满足最低合规需求。能被黑客远程攻击的车辆、武器系统、工业生产设施、发电站、飞机和其他机器同样存在网络安全问题。企业在设计每一种产品、系统和场所的过程中都须认真考虑网络安全问题。

万联网也产生大数据。信息技术公司用“大数据”这个激动人心的词来

描述能处理海量(通常非结构化)数据的技术、服务和应用,如开发用于验证和安全的人脸识别系统、新形式的预测分析、城市规划、交通预报和优化,以及医疗研究。数据隐私监管部门和保护人士则经常把“大数据”这个词用作贬义,指责企业或政府在既未事先通知数据主体也未获得其有效同意的情况下将大量现存数据挪作他用。例如,出于执法或营销目的将个人社交网页照片输入人脸识别系统;出于追踪交通违法者目的,把全球定位系统(global positioning system,GPS)数据输入定位控制系统;利用个人网络浏览历史预测其对某类产品的兴趣等。

大数据分析的另一来源是网络研究。企业利用“抓取”技术从网站自动收集数据为各种目的服务,包括支持搜索引擎技术的网站检索,也包括供大数据分析的数据收集。这类数据收集方法通常违反隐私法(当个人可识别数据在收集之列时)、版权法(当被抓取的网站在使用条款中禁止自动工具复制内容时)、禁止侵入和计算机干涉的法律(包括美国计算机欺诈与滥用法,如被抓取的网站明确禁止如机器人程序、蜘蛛程序和网络爬虫等抓取技术时)。在有些国家,个人数据一旦被有意公开就失去法律保护,但欧洲法律却无这样宽泛的例外;欧洲法律也会禁止通过抓取技术收集个人数据,但数据主体同意的除外。例如,如果数据主体将个人履历未加限制地在个人主页上发布,那么其他人可以基于正当利益或基于明示同意或默示同意,通过搜索引擎或其他可实现访问意图的技术访问该个人网页。不过,在实践中采用抓取技术的企业面对的困难在于,如何区分允许和不允许抓取个人信息的网页、如何明确数据主体的意图、如何界定明示同意和默示同意的范围。如果企业部署无视“禁止机器人”代码的抓取技术,并绕过访问限制(如图形验证码,或仅为绕过注册要求而自动创建邮件账户和账号),就会面临更多风险,涉嫌违反不正当商业行为、网络欺诈和规避技术保护措施(如《美国版权法》第 1201 - 4 节,为数字千年版权法的一部分)。

大数据通过“数据经纪人”(data brokers)交易。所谓数据经纪人是指购买或销售包括个人信息在内的各种信息的公司。“数据经纪人”与数据主体并无直接的商业关系。受牵连的数据主体一般不会收到数据经纪人的隐私通知,甚至无从知晓数据经纪人的身份和行为。此领域近来已在美国引发担忧,也受到监管部门的关注。根据欧洲经济区的数据保护法,数据经纪人应遵守关于通知和同意的现行要求;在一些法域,数据经纪人还可以依靠“正当利益”例外发展业务,尤其在利用数据主体不加限制发布的数据(如公开的个人主页和社交网络上的照片等)时。

研发人员需要数据来训练自我学习算法、人工智能等系统。例如,他们需要为汽车自动驾驶系统提供与道路、交通标志、信号、行人、自行车手、驾驶员、旁人和交通状况有关的图像、视频、声音、雷达和其他传感器输出,以开发、增强和测试自动驾驶系统的性能,为的是避免事故并降低风险。他们所需要的数据将不可避免地包含与儿童有关的信息和敏感数据,因为公共道路上的人类图像将不可避免地披露种族、健康状况(如眼镜或拐杖)和信仰(如十字架、头巾、衬衫上的标语)。根据欧盟《通用数据保护条例》、《加州消费者隐私法》和其他法律,禁止或严格限制组织收集或共享此类数据,这些法律要求获得儿童信息或敏感数据的收集或共享的明确同意,或赋予数据主体有权选择退出信息销售。因此,研发人员发现获取数据变得越来越难。然而,地方政府、研究机构和小型企业却无法负担详尽的数据收集措施,而依赖于数据供应商。此外,由于对组织间有效数据共享、保留和协作的限制越来越大,数据主体受到多重数据收集行为的影响更为严重。因此,数据最小化要求和数据共享限制正在对隐私、创新和竞争产生不利影响,巩固了已经拥有大量数据企业的竞争优势。企业在规划数据收集、出售和开发举措时——尤其是在具体地理位置和管辖区方面需要考虑到这些变化。

5.10 法域

任何合规工作和法律责任分析都始于两个问题:准据法是什么,法律规则如何执行。关于数据隐私合规,特别是涉及跨国数据传输时,我们有必要鉴别不同的法律并把各项合规工作分出轻重缓急。 5. 37

准据法:回答第一个问题——适用哪些外国隐私法恐怕得列出长长的单子。根据国际习惯法,每个国家都可在利益相关的领域自由立法。一般来说,如果企业把员工或设备派驻到他国领土内,那么该国的数据隐私法就适用于这家企业。有些国家数据隐私法的范围更广,如境外企业通过本地业务伙伴和定向网站(根据语言、本地化内容、本地电话号码等判断)远程收集数据,甚至只要境外企业收集本国居民或公民的数据,那么本国法律就适用于该境外企业。因此,很多与其他国家有或多或少商业往来的企业经过仔细分析后发现外国隐私法适用于其数据处理活动。 5. 38

欧盟法律限制欧盟成员国将其国内数据隐私法适用到在其他成员国内设立的公司上。欧洲经济区内的数据控制者——可以为某个企业的子公司或其他显著有形机构,只需遵守其所在成员国的法律即可,即使该数据控制者从其他成员国收集数据;而在欧洲经济区外成立的公司则不享有这一特权。因此,设立在美国但客户遍及欧洲经济区的电商公司恐怕要遵守 30 多个国家的国内法。不过,一旦该美国公司在欧洲经济区内如爱尔兰(低企业所得税、官方语言为英语、职员教育程度高、相似的法律体系、成熟法制、亲商政府)设立子公司,并将其作为与欧洲客户签约的唯一主体和全部欧洲客户的数据控制者,那么这家新设立的子公司只需遵守设立地所在国的隐私法就行。欧盟《通用数据保护条例》统一区内法律规则之后,跨国企业在欧洲经济区内设立子公司的优势有所下降;但是问题并未全部解决,因为企业依然需要考虑那些继续有效的区内各国的数据保护法。美国公司在国内或许也可以基于美国宪法的

“贸易条款”——禁止州法歧视州际贸易或给州际贸易施加过度负担寻求类似保护。

5.39 **可执行的法律:**第二个初始问题——数据隐私法如何跨国执行的答案更为复杂,但在搞清楚后通常能帮助企业厘清跨国合规工作的轻重缓急。一般来说,国家无法轻易对在本国境内没有实体组织、财产或员工的企业执法。国际习惯法也禁止国家派遣政府官员到境外送达警告、征收罚金或拘捕犯人,即便跨国寄送或电邮含有警告和威胁的命令和官方函件都不行,但被执法对象所在国同意的情况除外。一些国家(如欧盟成员国)在某些领域合作紧密,但一国对境外企业执法在更多时候是既困难又烦琐的。民事原告(如数据主体)经常能说服其所在国法院对外国企业行使管辖权,但做出的判决通常很难跨国执行或根本无法执行。禁令、处罚和其他制裁一般也不能跨国执行。不涉及惩罚、处罚元素或者未采取违反公共政策之程序原则的金钱裁决(如损害赔偿判决)在其他国家执行起来相对容易。除此之外,可执行的就只有经济损失赔偿令,而这类赔偿令涉及的金额一般较小,不值得在数据隐私相关案件中予以追偿。鉴于此和其他一些实践问题(包括在其他法域申请执行的成本和难度、语言、法律制度等),企业被执行外国数据隐私法的风险,相较适用外国法的风险要低很多。

不过还有一些值得注意的例外。如果企业在合同中同意遵守外国数据隐私法(如欧盟标准合同条款或自行起草的服务合同),那外国业务伙伴就可以迫使该企业遵守外国法。这些业务伙伴有手段和动力来确保执行,比如,因为他们直接遭受外国政府执法或认为合规对他们的业务至关重要。此外,企业申请许可、证照或加入欧盟—美国隐私盾项目时,可能或多或少已经接受外国法管辖,或同意与外国数据保护机关合作。

综合上述考虑,企业可以制定一个重点法域清单,列出特别有可能适用或执行的数据保护法。在这张清单上,法域可按与企业的联系紧密程度排列(有形组织和数据处理员工 > 定向网站 > 当地数据主体),注明企业是否有合同义务接受该国法律管辖或是否另行接受了该国法律或管辖(如关于许可、认证或欧盟—美国隐私盾项目)以及是否企业所在国政府与该外国政府在数据隐私或其他执法领域有合作。如果按上述标准列入的重点法域还是太多,企业可以再优先考虑市场因素,重点关注主要市场所在国、对隐私违法高度敏感并可能损害业务的国家(如德国),或发生过极其严厉执法案例的国家(如曾开出天文数字罚单的法国和西班牙、曾公开逮捕美国籍数据隐私官的意大利)。

5.11　合同

企业在准备合同模板、对合同进行审查和谈判时,必须考虑数据隐私问 5.40
题。这对很多大型企业来说未必容易,因为负责商业合同的经理人未必是隐私合规方面的专家。因此,企业有必要在合同起草阶段和谈判过程中设置隐私合规的审查环节,并针对常见情形向管理商业合同的业务人员提供能解决问题的文书或条款模板。

在数据隐私合规方面,合同能发挥如下作用:

➢ 使企业有权处理个人数据,因为数据主体可能会通过某些合同条款允许企业处理其个人数据,企业也可能会因为某些合同义务而必须处理个人数据。一些企业特意在标准合同中设定某些合同义务作为处理个人数据的理由,从而无须另行获取数据主体同意。

➢ 企业以合同的方式向员工、独立承包商和服务提供商施加限制和数据安全义务,从而满足或传递合规义务。

➢ 一旦发生数据隐私合规方面的数据安全事件、纠纷和诉讼,合同可以在企业之间分配商业风险、责任、赔偿和合作义务。

➢ 在必须订立包含特定条款如欧盟标准合同条款、HIPAA 业务伙伴协议和支付卡行业标准下的一些合规保证的合同时,签订合同方可满足合规要求。

➢ 订立合同的行为可能引发额外的政府审查和监管，因此企业就隐私通告或隐私政策征求数据主体同意或与其订立协议前需要认真权衡利弊。

当企业就有关个人数据的条款达成一致时，比较合适的处理方式是：在敏感的商业条款（如定价、陈述、保证、免责声明、赔偿和限制条款）之外，双方单独签订协议处理法律要求或预期的数据和隐私保护义务。对于大部分商业条款，缔约方的利益会有冲突，谈判往往会带来一系列妥协。然而，在数据和隐私保护义务方面，企业需要采取标准化策略，而且缔约方通常能够较快达成共识；因为双方的利益是一致的，双方都需要满足合规性要求。例如，满足欧盟《通用数据保护条例》、《健康保险便携与责任法》和《加州消费者隐私法》的数据处理者合规需求，通常符合双方的利益；否则，双方无法合法地共享数据并按预定计划进行协作。在欧盟委员会颁布的标准合同条款和《健康保险便携与责任法》要求的商业伙伴协议中，企业必须一字不差地采用某些条款，处理非常具体的法定要求，并使用其商务谈判代表不涉及的商业条款。通过将商业条款和合规条款切割讨论，缔约方可以使谈判合理化，并更有效地推进谈判。此外，如果各缔约方将与数据有关的合规条款切分，还可以简化其内部审查程序。这可能需要由专业的隐私律师和数据保护官员进行审查；而这些人员不需要对商业条款进行实质审查，甚至根本不必进行审查。此外，通过将与数据相关的术语分开，企业可以更好地了解他们可能需要传递给分包商的义务，或者在出现安全漏洞时，考虑数据使用限制或通知义务。此外，一旦达成协议，数据主体、数据保护机构、工作委员会和其他人可能拥有不适用于敏感商业条款的访问权，并且可以通过制定一份单独的关于数据和隐私保护的独立协议，来更容易地满足合规需求。

相反，如果公司在数据处理协议或以隐私为中心的合同附录中增加商业风险分配条款，在实践中往往会适得其反。这会不可避免地导致谈判和修改条款，而这些条款不因法定要求而修改，也会因对隐私法要求或允许的内容的混淆和争论，而使缔约过程变得复杂和拖沓。

许多相同的考量因素也适用于附属集团企业为支持国际税务目的的公平转让定价原则而签订的公司间协议。企业应将此类协议与数据传输和处理协议分开；这些协议涉及数据隐私法，或与客户或服务提供者签订的数据相关合同对附属集团内数据共享的限制。税务团队和律师团队起草了一套包含税法、目标和术语的协议，可能必须向税务机关出示。隐私专家根据隐私合规要求起草其他协议。隐私权协议可能会随着时间的推移而更新。如果企业将协议分开，他们就无须在创建和更新这两套协议的过程中，同时让税务团队和隐私团队参与其中。为了确保两个团队在起草协议时避免冲突，必须在概念层面上进行一定程度的协作。然而，在实践中，税务团队和隐私团队不必将所有合同条款与术语、组织、法定参考和条款完全一致，这样可以更容易地避免两者间的冲突。

想了解更多合同的考虑因素和必要条款，请参见第三章。

5.12　位置数据

欧盟《通用数据保护条例》并未把位置数据列入“特殊类型个人数据”（敏 5.41
感数据）的范围，但位置信息在“情况汇集”（profiling）时被明确列入属于受限数据。位置信息受到越来越多的关注，不仅因为具有价值，更因为它使数据主体的隐私和数据主体本人招致风险。联网的汽车、无人机、智能手机、机器人和其他设备，不可避免地会产生大量的位置数据，需要对其进行跟踪，并对其使用意图进行追踪。不少法域通过立法限制利用无线射频识别标签和其他技术追踪个人位置，但持有可追踪设备（如汽车、计算机、智能手机）的个人明示同意或执法部门已获司法授权的情况除外。移动应用平台要求应用软件提供者针对位置数据的使用必须明确获得标准化的同意，监管部门也已经对未经告知和同意就收集位置数据的企业采取行动（如美国联邦贸易委员会惩处了一家应用提供商，因为其提供手电功能的手机应用收集用户的位置信息）。

企业采用基于位置的行为广告程序、公司车队管理定位设备或失窃计算机定位软件前,都有必要评估和应对相应的合规要求。

5.13 未成年人

5.42 儿童一般缺乏做出有效同意或订立有效合同的行为能力。因此,即便没有儿童保护的特别法律规定,在大多数国家,合同成立或数据处理都要求未成年人家长的同意。

在美国,数据隐私法一般不要求同意或合同,但立法者在一些具体立法中替儿童防范互联网公司。1998 年儿童网络隐私保护法(U. S. Children's Online Privacy Protection Act, COPPA)规定,如果网站故意收集 13 岁以下儿童的数据或者面向 13 岁以下儿童开放,该网站经营者就必须符合一系列具体要求。最近美国联邦贸易委员会解释说,即使企业通过恒定标记(如 cookie)收集匿名数据,也必须得到未成年人用户家长的同意。判断网站是否属于"面向儿童"开发需要综合评估网站内的话题、图片、模特年龄等。仅仅是网站使用条款规定用户必须年满 13 岁并不足以排除 1998 年儿童网络隐私保护法。如果确认应适用该法案,网站经营者必须分别向儿童和家长撰写隐私政策,并获得家长同意。在实践中网站经营者很难认定是否做出同意的人确实是家长(而不是用了另外邮件地址或账号的儿童)。如果网站经营者按内部指导标准运营,只要这些标准事先被联邦贸易委员会批准,那么网站经营者就被推定为符合该法案的规定。自 2020 年 1 月 1 日起,根据《加州消费者隐私法》,企业在出售其个人信息之前,必须获得 16 岁以下加利福尼亚公民的肯定同意和 13 岁以下儿童的父母同意。公司发现,与 13 岁以下的儿童相比,16 岁以下儿童的在线服务更难满足他们的要求,因为在许多领域,接近 16 岁生日的儿童往往有与成年人更相似的兴趣。

根据欧盟《通用数据保护条例》,网络服务提供商收集 16 岁以下儿童的个人信息前必须获得其家长同意。不少欧洲经济区成员国把年龄标准降低到13 岁,与美国一致。

5.14 通报数据安全事件

自 2003 年起,美国加州就对企业提出要求,一旦未经授权的人员访问了某些未加密的敏感信息,企业必须及时通知数据主体。敏感信息起初包括健康信息、社会保险号和信用卡信息,发展到现在还包括诸如网站账号信息和自动车辆号牌扫描数据等。数据处理者(如云计算提供商和其他服务商)一般有义务就此通知数据控制者,但不用直接通知数据主体。未经授权之员工的善意访问通常可以豁免企业的通知义务。美国其他州和一些国家还有类似的法律和规定,有些规定覆盖范围更广的数据种类设有 30 天到 60 天的通知期限以及向政府机关报告特别严重之案件的要求。 5.43

欧盟则直到 2016 年才修订其数据保护法;修订后的法律颁布了极为广泛和严格的要求,并于 2018 年 5 月生效。根据欧盟《通用数据保护条例》,数据控制者必须把任何数据保护事件通报给数据处理者,而数据处理者必须通报给数据保护机关和数据主体。数据保护事件被定义为任何导致偶然或非法销毁、丢失、篡改、未经授权披露或访问个人数据的安全事件。企业的通报必须及时。就数据控制者而言,欧盟《通用数据保护条例》增加了一项要求,即在发现违规行为后 72 小时内通知数据保护机构;这也为向数据主体和从数据处理者到数据控制者的通知设定了一个极其困难的标准。好在对企业来说情况不算太坏,就跟欧盟数据保护法的其他领域差不多,这个极为广泛和严格的通报要求还附带一项同样极为宽泛的例外:如果事件对个人权利和自由不太可能存在风险,则不必通报。 5.44

有些企业还在隐私通知及与客户和其他商业伙伴的合同中承担通报义务。

5.45 **事前准备**。数据安全事件发生之前,企业应该组建一个跨部门的事件响应团队,同时对全体员工做好培训。所有员工都应该收到事件处理规程的要点总结,该总结既可以放在员工手册里,也可以采用活页资料的形式要求员工把所有事件立刻秘密报告给事件响应团队。处理规程要把应报告的事件范围定义得宽泛一些,以便内容简明并最大化地收集信息。事件响应团队本身也应该制定简明的内部规程,列出如何应对事件的流程。起草流程时最好要考虑几种最可能发生或对企业损害最严重的具体情形。企业对最可能发生或损害最严重的情形做出预判有两大好处:既能改进总体合规状况,也走出了预防事件的第一步。例如,如果企业预判未经授权访问员工社会保险号事件可能带来的风险和责任,可能就会决定部署额外的加密措施、删除人力部门员工电脑上的电子表格等。再如,公司作为数据处理商若为其他企业存储大量数据,该公司可以事先梳理好各种合同中的通报义务,一旦发生数据安全事件,就能迅速判断是否需要通报。

5.46 **服务商**通常不愿意为数据安全事件承担无限责任,除非存在过失或者违反具体的合同约定义务。一些企业为某些安全事件购买保险,但保险费和免赔额可能会很高。在数据处理服务中,如今企业往往会约定数据安全事件的具体处理流程,包括协调与受到影响的数据主体的沟通,还可能向这些数据主体提供信用保护。数据控制者偶尔会通过合同把事件通报义务转嫁给服务提供商,但是这么做对双方都没好处:数据控制者与数据主体之间是主要关系,一旦通报没做好或者违反法定通报义务,数据控制者也要承担主要责任。服务提供商往往不能直接向数据主体发送通知,需要其客户即数据控制者额外提供数据主体的联系方式,但事件发生之后数据控制者应该不愿提供这些信息。数据主体也会预期从数据控制者而非数据控制者的服务商处得到数据安全事件的通报。

5.47 **事后响应**:数据安全事件一旦发生,响应团队应该尽力收集关键信息并采取如下重要措施:

➢ 鉴别事件性质及受影响的数据；

➢ 预防更多未经授权的数据使用和泄露事件发生；

➢ 保存与调查和后续行动有关的证据；

➢ 确认哪些数据种类和数据系统可能已被读取；

➢ 确定可能受影响的数据主体的身份和位置；

➢ 确认机构内外哪些人员已获知该事件；

➢ 调查是否有迹象显示数据可能被滥用或造成损害。

企业必须认真考虑构成响应团队的人选，以避免影响后续必要调查（以防有内鬼）。响应团队一般要包括一名法务和一位数据安全或信息技术专家。如果可能，律师应该主导调查，以确保调查过程受律师和当事人之间保密特权的保护。在通报决定作出之前，知情人应该尽可能少，以免仅仅因为传言四起而迫使公司公开回应。如果情况外泄无法避免，就要让公共关系或传播专家和其他利益相关部门加入响应团队（如涉及员工数据，就应该让人力资源部门加入；若涉及客户数据，要让客户经理加入）。响应团队需要制定可能发布通报的时间表，如先报告执法部门（或基于法定要求，或源自公司意愿），然后告知受影响的数据主体，最后通报业务伙伴和公众。即使公司决定尽可能对事件保密，一般为谨慎起见，也应该起草好新闻通稿、谈话要点或文稿，以备媒体关注或询问。 5.48

企业可能负有法定义务通报执法部门、数据主体或数据控制者。在通报中哪些能说、哪些不能说常常在很大程度上取决于法定要求。这类要求在各法域有所不同，甚至矛盾。例如，某法域可能规定企业必须尽快告知潜在受影响的数据主体，而另一法域则要求企业在请示过执法部门之前不得告知数据主体。一旦遭遇数据安全事件，必须搞清所有可适用法律项下通报义务的准确性质并相机行事。对于大型数据安全事件，用表格来列明各种不同法律要求会有帮助。由于受到事件通报的人会互相联络或公开消息，企业可以统一采用全部可适用法律中要求最详细的一种通报要求，但某些法域不得披露的 5.49

信息除外。

5.50 即使法律未做强制要求,有时候因为吃不准按要求是否须通报或者认为从客户或者公共关系角度看发布通报有好处,抑或想要帮助潜在受影响的数据主体减轻风险、损害和赔偿纠纷,企业还是会选择通报。这类自愿通报有时有帮助,但也可能适得其反,激起数据主体的过度反应和不必要困扰。例如,如某公司自愿披露了其存储信用卡号系统的弱点,即使尚无实在依据表明其信用卡被滥用的风险增加,公司的信用卡用户依然可能撤销信用卡并报告征信机关。

5.51 如果数据安全事件处理涉及外部主体(如企业的供应商或客户),还应该考虑如何与他们协调、合作及分配成本和责任。如果数据控制者在公开通报中归责于供应商,而供应商又把责任推回给数据控制者,这种踢皮球的状况只会给涉案各方招致更多的媒体关注和损害。根据《加州消费者隐私法》,受到数据安全漏洞影响的消费者有权获得100美元至750美元的法定损害赔偿,他们可以通过集体诉讼的方式索赔。

5.52 推荐所有企业采取如下措施:

➢ 在技术和组织层面执行数据安保措施(如数据加密、物理场所安保、系统访问权限控制、监控服务商和员工培训等);

➢ 对数据安全、高危威胁和事件预案定期进行自我评估(或请专业人士审核);

➢ 评估和审核企业与服务商签订的合同;

➢ 向全体员工提供简明规程,列出报告安全威胁和数据安全事件的职责和流程;

➢ 任命数据安全官或数据安全团队,根据规程收取和处理报告,以确保妥善响应事件;

➢ 考虑保险理赔。

5.15 所有权

没有任何人对数据拥有所有权,特别是数据主体对其数据并不享有财产法意义上的“所有权”。在大多数法域,事实和信息一般排除在财产权之外,以保障信息和言论自由。 5.53

企业对数据库的投资可以通过反不正当竞争法和版权法之类的财产法制度获得保护,以免他人批量、逐字复制或盗用。即使某数据库包含个人信息,其财产权也属于数据库的编创者,而非那些单个的信息主体。

但是,自然人享有形象权,有权在商业广告中使用其姓名与形象。若要在广告中使用某人的照片,按很多法域的侵权或类似法律,企业必须获得相关权利人的同意。

以服务业或制造业为主营业务的老牌企业,必须考虑如果开设新的数据货币化业务线,是否有助于收入来源多样化、增加利润,或对其传统业务带来不利影响。例如,金融机构、零售商、汽车制造商、“软件即服务”提供商和其他服务提供商生成并接收对其附带业务有价值的数据和知识访问,这些数据和知识可以聚合、编辑或单独的形式进行货币化。例如,通过销售用于商业计划的市场情报、医疗创新的统计见解、产品开发的人口统计趋势、用于开发或完善地图的位置信息、用于直接营销目的的消费者信息。越来越多的企业追求这种新型商业模式,以此作为创新计划的一部分,或是为了应对技术公司以新型数据驱动的商业模式进入传统市场所带来的损害。在数据货币化方面相对缺乏经验的传统企业有可能违反隐私法,并会损及他们在传统业务方面一直依赖的客户信任。

在企业着手开发数据货币化计划之前,它们应该考虑与数据相关的复杂法律环境,并避免错误地转向产权预设或主张。作为寻找数据货币化和保护的首要方案,他们应该考虑:

➢ 记录他们的数据清单(处理活动记录、商业秘密资产摘要或其他格式);

➢ 实施或升级商业秘密、数据隐私和版权合规项目;

➢ 在选择数据分析和利用工具和数据商业化模型之前,实施并记录数据保护影响评估;

➢ 解决或避免与信息收集或销售相关的禁止性或过度限制性的法律环境(如欧盟《通用数据保护条例》下的欧洲和《加州消费者隐私法》下的加州)与选择数据收集、研究和开发地点有关;

➢ 确保合法获取新信息,并根据具体限制和供应商尽职调查,仔细筛选数据源;

➢ 遵守法律对重新利用先前获得的信息的限制;

➢ 对记录和数据采取留存限制和删除措施;

➢ 实施有关数据使用、共享和留存的内部管理准则;

➢ 把数据当作一种资产来保护,防止"搭便车"或滥用;

➢ 细化对员工、客户、供应商、网站访问者与其他人访问和使用数据的合同限制;

➢ 实施技术、行政和组织数据安全措施,以保护数据安全并实现匿名化或聚合。

传统上依赖消费者信任的企业可能会发现数据货币化的直接模式与其现有的商业模式和品牌价值不符,尤其是考虑与出售个人信息相关的披露义务不断增强。例如,根据《加州消费者隐私法》,从 2020 年 1 月 1 日开始,与第三方共享与任何加州居民或家庭相关的任何个人信息的企业,必须在每个网页版网站和手机版网站上发布一个显著的链接,标题为"请勿出售我的个人信息",除非加州居民无法访问到网站页面。

除了小企业极其有限的例外情况外,世界各地的企业都要遵守《加州消费者隐私法》,无论他们关注的是消费者还是 B2B 交易,还必须创建一个特定的“选择退出”页面；在不歧视或停止服务的情况下，企业必须遵守“选择退出”请求；在提出“选择退出”请求后的 12 个月内，企业不得请求用户“选择加入”同意；对于出售个人信息，企业必须寻求 16 岁以下未成年人的“选择加入”同意和 13 岁以下未成年人的父母同意；企业必须标明补充隐私通知，详细规定信息收集、出售和共享措施的披露；企业必须对信息访问、可携带性和删除请求进行免费快速响应，并培训和指导所有负责处理加州居民请求和查询的员工。

鉴于“销售”的宽泛甚至反直觉的定义——共享任何有价值的个人信息，企业会发现它们的许多服务和供应安排都可能落在“销售”的范围之内。如果它们想避免不得不发布有关销售信息的披露，就必须进行澄清或修改；这可能会损害他们的品牌形象。加州在 2018 年颁布了《加州消费者隐私法》之后，美国其他许多州也起草了类似的法案。缅因州和内华达州已经通过了他们本州自己更为严格的法律，以限制出售个人信息。追求或考虑数据货币化的公司，应该密切关注这些法律动态。

5.16　隐私默认设计

企业在设计新产品、新服务或运营新程序时，应尽早考虑数据隐私因素， 5.54
让隐私保护成为设计的一部分。例如，企业为客户开发员工监控软件时，不应把数据隐私合规仅看作需要客户自行处理的问题而要未雨绸缪，在软件功能上允许客户在不同法域做不同调整和设定。软件开发者若能实现这种功能，采用软件的客户企业就能更好地遵守世界各地关于监听和其他隐私法律的要求。否则，企业客户部署这款软件产品可能违反某些法律规定，导致损失甚至根本无法使用该产品。况且，欧盟《通用数据保护条例》明确要求企业“通过默认设计保护数据隐私”。根据美国法律，产品设计要求延伸到设备制造者。自 2020 年 1 月 1 日起，在加州销售的互联网设备制造者必须为其产品配备适当的安全功能。

已有企业因产品未达数据和网络安全保护标准而遭到起诉,被指违反合同承诺和消费者保护法。例如,美国联邦贸易委员会已认定,若商家提供的智能手机、安防摄像头、酒店住宿或软件产品不具备充分的数据安全防护,则构成不正当商业行为。此外,如果提供在线"软件即服务"的开发商对数据处理的服务器有控制权,那么开发商要对他人侵犯用户隐私的行为承担连带责任。相反,若公司向用户出售软件供其自行运营,则一般无须因用户侵犯他人隐私而承担连带责任。不过,如果公司宣称其产品设计已合规,就得多加小心,因为这种说法可能引发其客户法律合规方面的责任。无论如何,任何企业都应替客户考虑隐私法律合规因素;只有如此,企业的产品、服务、流程才能更宜使用,对客户更具价值。

5.55 为了确保隐私法律合规因素被纳入设计范围,一些企业在研发早期就确保律师参与,如让开发人员填写问卷,协助律师快速判断是否有必要对该产品方案做更深入的审查。

根据欧盟《通用数据保护条例》,只有数据控制者在部署新技术或从事可能给数据主体带来高风险的个人数据处理活动之前,才需要实施数据保护影响评估,并保存评估记录。但是,产品开发者、服务提供者和其他企业可以使用类似方式来评估和记录对隐私、安全和其他权益的影响以及已设计到产品中或建议被采用的风险缓解措施(见第 3.82 段)。

5.17 问卷调查

5.56 当向现有或潜在客户发送问卷调查时,应先确认问卷调查是否符合反垃圾邮件法规(包括加入和退出的要求),或者该问卷调查的措辞是否明显不属于反垃圾邮件法规所定义的营销讯息。若发给员工的问卷可能被员工投诉给同事或上级,那么这份问卷还有可能受限于举报热线方面的规定。如果不答复该问卷或答复不全会对数据主体产生不利后果,应当明确告知数据主体。如果想承诺数据主体的匿名答复,应该采取技术措施把身份再次识别的风险降到最低,并事先披露身份被识别的一切潜在风险(如通过在线提交问卷的 IP 地址)。此外,还要考虑是否对某些问题的答复可能包含敏感个人信息(如政治倾向、工会成员身份、健康状况、种族、宗教信仰、性取向或犯罪记录),是否依法应采用更高的同意和安全标准。最后,如果答复结果要公开,应考虑用户的答复内容是否会带来侵犯名誉权的连带责任,并采用行之有效的"通知并删除"程序。

5.18　权利、救济、执法

为判断案情轻重和评估风险,企业常常试图弄清纠纷和质疑的来源、行动 5.57
或不行动的担责概率以及对业务的影响。风险因素因公司而异,要考虑公司规模、业务领域、诉讼记录和政府处罚、涉足的法域、合规工作的状态等。不过,有一些基本的考虑因素与任何企业都相关,包括下面这些:

➢ 纠纷和处罚都在哪些法域提出?

➢ 哪些主体——政府机关、数据主体(顾客、员工)、企业客户和业务伙伴可能对企业的隐私实践采取法律行动?

➢ 上述主体会提出哪些要求? 如果满足要求,会如何影响公司业务?

➢ 这些追诉方能否轻易论证企业违反了隐私法,企业能否轻易抗辩?

➢ 这些隐私纠纷在客户关系和公共关系上会对企业造成多大的商誉损害?

一旦企业开始寻找这些大问题的答案(理想的话每个关键法域都要考虑),通常会发现一些风险特别高的敏感领域。企业可以把合规工作集中在重点法域和敏感领域。下面是一些主要原则:

➢ 数据隐私法的诉求理论上可以在任何数据主体所在法域提出。但是,通常企业只会担心那些企业拥有有形机构、员工或数据处理设备的法域。数据保护机关很少会起诉或处罚域外企业，因为事实上不可能在境外执行行政或刑事处罚。跨国民事诉讼稍微多一些，但是民事原告及其律师一般也不愿追诉那些即使胜诉也难以执行的案子。参见本章“法域”条目。

➢ 最有可能提起诉讼的主体因业务领域或法域不同而大有不同。在大多数法域，企业无权提起数据隐私侵权的诉讼，诉权只属于在世的自然人。在任何法域都可以进行其余企业之间合同违约的诉讼，但是这种违约之诉的结果也间接与原告被数据主体和政府机关追究的风险相关。

- 例如，在欧洲，数据保护机关较为积极开展数据隐私法执法，要求事先通报和批准流程以及进行守法检查。2018 年 5 月，欧盟《通用数据保护条例》生效，并把各类违法行为的罚款上限提高到 2000 万欧元或全球营业额的 4%（取高者）。企业预计面临的执法活动和检查会增加，因此强烈建议在欧洲有实体组织的企业严格遵守所有的形式规定（隐私通知、网络追踪的同意机制、指定本地代表和数据保护官、数据转移协议等），因为这类形式上的合规缺陷在政府检查时最容易被发现。另一类合规挑战是数据保护官和员工集体代表（在依法征求员工意见的情况下）。另外，个人民事起诉在欧洲相对较少，因为通常赔偿额非常有限（没有惩罚性赔偿，且实际损失一般限于金钱损失），法律也不允许律师风险代理[1]。大多数欧洲国家不允许集体诉讼。但是，某些欧洲国家的消费者保护和民权监督组织（如德国反不正当商业行为中心）相当活跃，往往先发送警告函后起诉。企业无法通过合同的免责和弃权条款来有效阻挡此类风险，因为这类条款在欧洲消费者保护法下大多无效或不可履行。企业如果在适用德国法的消费者格式合同中纳入美国式的免责条款，企业可能会被认定通过这些条款误导消费者，构成不正当竞争。

---

〔1〕 律师一般按照投入时间收费或收取固定费用。风险收费则指律师收取少量先期费用，但若胜诉，律师可以对赔偿额提成。

• 美国没有数据保护机关。美国联邦贸易委员会和各州检察长可根据消费者保护法和不正当竞争法提出指控，但通常只针对少数数据主体投诉和公众关注的案件。另外，民事诉讼非常盛行，集团诉讼或者个人诉讼都不少，因为就算原告证明不了大额金钱损失，一旦判处被告承担惩罚性赔偿或“精神折磨”赔偿，最终赔偿额也可能极高。甚至很多案子就算站不住脚，原告律师也会等着企业付钱和解了事，因为诉讼费用太高，且美国诉讼当事人通常不管输赢都要承担自己的诉讼费用。除非法律明文禁止，企业可以通过声明排除默示保证、让对方事先弃权、事先约定纠纷解决地（只要消费者不会受到不公正对待，企业可以选用自身所在地或偏好的仲裁机构）等方式来大幅降低大额赔偿风险。根据美国法，点击成立的合同和其他形式的合同基本和书面合同具有同等效力。

• 其他地区和法域也各有特色，都应考虑。大多数国家颁布了具体的数据隐私或数据保护法。具备完善劳动法和消费者保护法的法域可能把数据隐私类的纠纷看作某种形式的劳动或者不正当竞争案件。不过，很多国家依然鲜有数据隐私相关的执法或诉讼。精打细算的跨国公司常常只能把重点放在有成熟数据隐私法和执法体制的法域。

➢ 关于追诉方能寻求哪些救济，应考虑如下情况：

• 政府机关通常关注实践中的变化，有时通过处罚来敲山震虎、杀一儆百。因此，政府机关常常会发布禁令，要求企业停止以某种方式处理数据，也有可能要求删除现有数据库。例如，法德两国数据保护机关曾禁止本地子公司把员工数据传输给美国总公司，直到该企业实施充分的数据保护措施。这种处罚对公司业务影响很大。欧盟数据保护机关也强化了执法力度，每年开出越来越多的罚单。不过，通常政府机关处罚之前会先警告。刑事执法相对较少，仅针对严重罪行（如自然人非法窃听他人）。

• 民事原告可以要求访问、更正或删除数据，但是通常民事原告主要为了赔偿。在欧洲各法域，员工一般要证明其受到的经济损害，法律并不承认惩罚性赔偿或集团诉讼。由于高额赔偿的风险小一些，企业对诉讼不是特别担心。但是到了美国，集团诉讼和赔偿性惩罚会让企业担心得多。

➢ 论证或抗辩某些诉求要容易得多：

• 如果企业未能遵守欧洲法的正式合规义务，数据保护机关、数据保护官、工作委员会和其他组织很容易就能发觉并采取行动。一家公司是否按要求提交了申报、获得了必要授权、履行了数据转移协议或发布了通报，这些都很容易核实。而且，想要否认这些诉求几乎是不可能的，因为法律对于是否要做这些的规定很明确。

• 民事原告经常容易提起的诉求是某公司未能遵守自己的数据隐私声明或通知。尤其是网站隐私声明，常常满是过度许诺和夸大其词，不需要太多法条解读或复杂律师工作就能论证是虚假宣传。

• 不过，集团诉讼律师发觉数据安全事件造成的具体损害往往很难证明，因为难以显示诉讼集团中的自然人都遭受了同样的损害。事件发生后，通常少数几个数据主体会立刻成为身份窃取或其他诈骗的受害人，有时甚至一个受害人都没有。而且，由于消费者个人警觉程度、理解能力和阅读通知的时间均不同，每个消费者究竟是否给出明示或默示同意的情形也千差万别。但是，自 2020 年 1 月 1 日起，原告律师可根据《加州消费者隐私法》要求企业向每位受数据安全漏洞影响的加州居民支付 100 美元至 750 美元的法定损害赔偿金，这将使企业在数据安全违规后，更难对集体诉讼展开辩护。

➢ 企业会关注的另一个问题是隐私纠纷给公司形象带来的冲击。如果某云计算服务商通报一起数据安全事件，其业务必受重创，若该公司为企业客户存储敏感数据则尤甚。不过，信息技术行业以外的小公司，比方说不掌握任何客户敏感信息的建筑公司，就不必太担心未经授权读取员工数据的事件让公司商誉受损了。

5.19　社交媒体

与很多其他在线服务一样，社交媒体和社交网站也要求用户提交某些信息才能注册账户。这方面这些网站从数据隐私法角度来说也没什么特别。网络服务的总体规则都适用，可参见本章“广告”、“追踪”和“垃圾通信”条目。 5.58

社交媒体独有的隐私问题主要在于用户生成的内容：某人所披露关于自己和他人的信息。这方面，欧洲式的数据保护法基本不管。跟博客和论坛差不多，人们出于个人目的自行把数据和内容上传到社交网站和类似平台。人们可以自由分享自己的数据，也可以私人家庭目的处理他人数据。例如，欧盟《通用数据保护条例》明确不适用于自然人纯为个人或家庭活动处理个人数据。只要网络和平台运营者不控制用户活动，用户生成和处理的数据基本上在数据保护法范畴之外。

如果用户实施侵权行为（诽谤、侵犯隐私、侵犯形象权等），平台运营者可能会承担连带责任。大多数法域中，平台经营者一旦根据要求移除内容，即免于承担责任（例如，《欧洲电子商务指令》和《美国通信端正法》第 230 节均有规定）。

企业雇主并不享有类似的免责特权，必须培训和指示员工如何使用社交媒体，以遵守相关法律，包括涉及工作场所隐私和通信、保密义务和总体商业利益的劳动法规。雇主还必须小心对待网络研究，参见本章“员工数据、员工监控”条目。

发布在社交网站、社交网络、博客和其他网站的顾客体验和评论必须明示他们是否直接或间接接受企业付费，如由评论和体验中产品或服务提供商的员工所撰写。雇主必须指示其雇员依法办事，并规定员工是否可以用个人、匿名或其他方式进行业务通信，如果可以的话应该怎么做。 5.59

5.20 追踪

5.60 人们使用电子通信设备时会生成、存储、处理和传输大量数据。很多数据并不含有具体姓名,但很容易联系到具体个人。例如,如果您在浏览器中输入某网址,您的计算机会向该网站的服务器发送一条请求,包含计算机及其软硬件的某些信息。服务器处理收到的数据,按照网站运营者允许网站访问者读取的资源来响应该请求,资源包括图片、文本,通常还有 cookie(置入访问者浏览器的小型软件,追踪用户信息供网站运营者未来读取)。如果网站运营者掌握用户姓名(如果用户注册网站服务或订购产品配送),网站经营者可以把主动提交的数据(姓名、地址)和被动追踪的数据(前后访问的网站、在网站上停留的时间、软硬件信息等)结合在一起。数据主体提供此类数据时大多意在沟通和提供信息;只要数据处理并未超过此范围,那就并未违反数据隐私法。但是,如果收集和使用数据的附带使用范围超出了向数据主体履行合同义务的必要限度,对此欧洲法律规定要数据主体同意,很多其他法域规定要告知并允许用户选择退出。

5.61 相应网络浏览器的查询时,cookie、网站信标、标签、软件和网页内容会一起被发送出去。很多发布第三方广告的网站还允许第三方广告商在响应查询时向网站访问者直接发送 cookie。这些 cookie 旨在收集和发回某些对方计算机的信息,主要用于三个目的:

1. 有些 cookie 支持网站功能。例如,在网络用户安全登录账户之前,cookie 能帮助记录网络购物者放入购物车的内容。同时,cookie 可以记录用户姓名、语言偏好和其他设置选择。cookie 还能用来收集用户前后访问的其他网站,帮助发布 cookie 的网站改进和进一步定制网站,衡量页面有效性。将 cookie 用作这类数据处理必须告知网络用户;但是如果给数据主体提供服务必须用到 cookie,那 cookie 发布者一般无须获得积极同意或允许消费者退出。

2. 有些 cookie 支持发布者进行网站流量分析、站点改进和定向广告（无论是在发布者自己的网站，还是为重定向发布在第三方网站）。这些 cookie 被发布者或其服务商用于衡量用户在某一页面停留多长时间，是否用户点击了广告或关闭了弹窗等。这类 cookie 不构成数据控制者之间的个人信息共享，因此常被称为"第一方 cookie"，以区别于下一段描述的"第三方 cookie"。在很多法域，如果第一方 cookie 对提供网络服务并非必要，那植入这类 cookie 需要基于发布者单方通知（如通过网站隐私声明）。根据欧洲法，站长可能必须允许用户选择退出这种 cookie，甚至要事先同意加入。如德国法规定，数据控制者必须事先获得积极同意才能使用个人数据来营销，无论这些数据是通过 cookie 还是其他方式收集的。如果站长必须给访问者机会退出，到底站长是否必须允许拒绝 cookie 的用户继续使用服务，还是告诉用户拒绝 cookie 就相当于退出网站和服务就行，法律规定尚不清楚。一种可能操作方式是站长向接受 cookie 的用户提供免费或打折服务，但向其他用户收费（类似免费和付费电视）。

3. 还有一些 cookie 支持定向广告和第三方广告商的相关追踪。站长如果允许第三方数据控制者植入 cookie，那网站访问者不仅共享了数据，还允许第三方直接收集数据。站长通常无法控制甚至不知道哪个第三方广告商收集了什么数据。第三方广告商通常并没有机会告知消费者或获得消费者同意，因此必须和站长合作来确保依法获得同意并提供必要告知。由于第三方广告商并不向网络访问者提供服务，与访问者之间也没有合同，让站长获得数据主体同意通常是使第三方 cookie 收集、分享和处理数据符合欧洲法律的唯一方法。

浏览器功能设置和安全软件设置允许网络用户拒绝或删除多数类型的 5. 62
cookie。用户可以在大多数浏览器中通过打钩来拒绝追踪，以后每次遇到站长请求，浏览器都会返回"勿追踪"（do not track，DNT）信号。美国联邦贸易委员会建议站长和其他网络服务提供商在隐私告示中明示披露他们是否会尊重“勿追踪”信号。加州法律则要求必须说明网站对“勿追踪”信号的态度。虽然如此,加州法律并未强制网站必须尊重“勿追踪”信号,或者要用户同意才能追踪。不少法域的数据保护法总体要求企业从数据主体处获得自愿、知情、明示和具体的同意。如果用户积极选择或消极接受浏览器允许 cookie 的设置,那就表达了同意。不过,是否仅仅因为用户没有设置让浏览器发送“勿追踪”信号,就可以推断用户表达了同意呢? 这个问题尚有争议。网络用户可以很容易调整浏览器设置,用户也是自愿访问网站,访问过程中用户浏览器发送信息请求给浏览器。要支持用户已非正式同意的说法,站长可以在其网站隐私声明中详细披露 cookie 和类似追踪程序的情况。然而,通过浏览器设置表达的默示同意并不具体或明确,除非浏览器厂商把拒绝 cookie 作为浏览器默认设置,或采取措施来提示用户对不同类型的 cookie 和网站做出有意识的选择(例如,在注册网站账户时说明,或者在那些无须注册的网站上弹出窗口、页面横幅或展示醒目通知)。

5.63 **广告网络、广告交换**和其他中间商把 cookie 植入大量加盟站长的网站上,并在这些网站上发布大量加盟广告商的广告。取决于具体数据分享方式,广告网络经营者和所有加盟站长和广告商承担数据控制者的角色,因此有义务告知数据主体并依法获得同意。这带来了巨大实践问题,因为加盟企业时时变化。为遵守欧洲数据保护法,站长和广告网络可能不得不合作来确保网站访问者收到充分告知,并对数据分享及数据控制者(包括广告网络内每一个收到个人数据的控制者)的身份和隐私做法给出明示、具体和书面同意。

5.64 **广告服务器**和类似服务提供商也可以根据数据处理服务协议代表网站发布者行事,从而服务提供商仅根据该网站发布者指示、代表网站发布者使用在服务过程中收集到的数据。这种结构不会涉及与其他数据控制者分享数据,因此触发的合规问题会少得多。

5.65 **物联网**上的联网设备需要对其预期目的进行跟踪,详见本章 5.3 节。

5.21 垃圾通信

全球电子邮件流量中超过 97% 是未经请求和不想收到的通信。个人、企业、政府和其他组织不堪其扰,主要通过技术手段(架设在公司邮件系统、网络邮件平台和个人设备上的过滤程序)处理垃圾邮件。为应对垃圾邮件,世界各地的立法机关也制定了各种反垃圾邮件法。大多数垃圾邮件发送者是职业案犯,知道隐匿踪迹、躲到海外,让当地法律和执法机构鞭长莫及。但是,正当合法做生意的企业必须投入时间和资源处理反垃圾邮件法下的合规要求,即使垃圾邮件对这些企业整体状况的影响较小且反垃圾的计算措施已经广泛采用。 5.66

企业若想从事直接营销(直接或间接和义务伙伴一起做,或通过"向朋友推荐"项目),必须评估相关法律限制、行业标准和当地消费者预期。企业需要认真训练和指导销售和营销人员,确保每位员工确认每轮营销活动和单独市场活动都考虑如下所有相关法律和业务要求:

➢ 是否能把邮件列表和其他联络信息用于市场营销? 一些法域可能要求事先获得数据主体同意,另一些法域则规定在首次营销通信之前必须向消费者发送通知并允许消费者选择退出。如果从第三方(如邮件清单供应商)获取联络信息,应确认该第三方有权收集并向企业转移联络信息,供营销之用。

➢ 是否有任何列入邮件列表的人选择退出? 在大多数法域,企业应尊重负面清单上的退出要求。在有些法域还必须查询"请勿电话、邮件、传真"的公众登记表。如果合作的业务伙伴委托、投递或得益于相应广告,企业或许还要遵守该业务伙伴的负面清单或要求他们遵守企业的负面清单。员工常常不清楚这些要求不仅适用于批量发送邮件,也适用于定制化、一次性的邮件及新形式的社交媒体(如用户页面的跟帖等)。

➢电话、电子邮件标题和平邮信封上要披露哪些信息呢? 在大多数法域,企业必须表明发送或委托营销活动的主体身份,可能还要附带地址信息。此外,企业可能还必须在标题部分显著标示邮件的广告属性,即使该邮件实际上具有多重性质(如业务通信邮件可能也含有广告,消费者满意度调查也具有促销性质)。

➢如何使收件人能选择退出? 在很多法域,企业必须提供收件人退出的简便方式,令收件人可以从营销对象清单上被移除。技术实现的细节有多种,如是否必须接收邮件回复,或者是否能把用户指向选择退出网站,除去"完全退出"以外还可以提供多少种通信选择,必须在多少步操作之内允许用户退出等。

➢是否遵守了陌生电话的全部相关要求,包括日间限制、电话监控或录音的披露义务、"自拨电话"或回拨系统的使用限制。

➢广告内容对收件人是否妥当? 很多国家限制某些产品和内容(如药品、淫秽品、酒、烟草警告等)。还有一些对儿童营销的限制,例如,有一大堆产品在加州不得对未成年人营销,包括酒、手枪、弹药、能损毁财产的某些油漆和蚀刻膏、烟花和刺青。比较广告在美国可以做,但在很多其他法域受限制。

5.67 **法域区分**。如果企业想在每个法域都触及法律允许的最大范围,尽可能广泛、直接地做广告,那么必须根据具体广告话题、技术和目标收件人,有针对性地制定方案。如果某直接营销活动覆盖多个法域,广告主必须进一步仔细研究,因为该地区的广告法很可能不统一;大多数法域法律都会保护各自的公民,即使发送者或呼叫者位于域外。即使在欧洲内,反垃圾邮件法也仅通过电子隐私指令实现部分统一。而在美国,各州对陌生来电和通话监控有不同规则。除目标国家的法律外,广告主还要遵守广告主及其服务提供商所在地的数据隐私法和其他法律。

5.68 **全球统一方法**。企业若愿意限制直接营销工作,或许可以制定不那么碎片化、全球通用的营销政策。为了实现统一性,企业必须彻底排除为营销目的与非关联公司分享数据；对所有营销通信（电话、电子邮件、平邮、传真、短信和其他形式）普遍要求事先知情同意；尽可能显著地标示营销通信（如邮件标题和平邮信封）；为每条通信提供简便的退出机制；在数个工作日内满足每条退出要求。企业并非必须在所有国家实行上述限制，在很多主要市场，某些没有事先同意的直接营销形式很常见，因此企业为了有效参与竞争或许也必须这么做。

执行同意。执行告知和同意要求时，企业必须小心，避免把选择过度简化成“同意加入”和“同意退出”的非此即彼模式。在实践中，实现方式和相关要求远为复杂（详见第三章 3.7 节）。 5.69

混合信息：有些类型的通信既包括广告也含有其他内容（如订单确认、收据、支付提醒等）。这些混合信息通常并不能免于遵守反垃圾邮件法及类似法律，除非该信息中广告以外的内容和性质正当且占支配地位。对此美国联邦贸易委员会在其反垃圾邮件法的指南中提供了一些范例。企业在选择退出机制中的措辞须谨慎，避免留给消费者错误印象，误认为有权退出全部通信（如手机和支付提醒）。 5.70

批量邮件、独立邮件、B2C 通信、B2B 通信及社交媒体通信均在范围内： 5.71
反垃圾邮件法一般适用于任何广告邮件，并不仅限于批量发送的邮件。此外，许多司法管辖区将反垃圾邮件法扩展到企业间通信，在某些情况下合规要求较为宽松（例如，要求“默认加入，选择退出”而不是“选择加入，默认退出”）。对此给营销和销售人员做相应指导和培训很重要，只有这样他们才能在任何一封销售或营销邮件中加入退出选项，并考虑消费者选择退出的风险。同时，通过社交平台发送的讯息也可落入反垃圾邮件法的范围之内，如在讨论版和个人页面发帖也适用和电子邮件一样的披露和退出机制。

发送者、发起人和受益人都可能承担责任：任何一家自行发送或委托他人 5.72
发送广告的公司都同样承担反垃圾邮件法和类似法律的合规责任。关于“向朋友推荐”的营销方式（鼓励或激励消费者发送或转发营销邮件给朋友）、联合推广和委托营销商推广的方式，企业必须认真考虑要遵守哪些退出清单（名单清洗）。

5.22 供应商管理

5.73 为确保遵守数据保护法，企业必须认真筛选和监控其供应商。供应商是企业经营活动的重要参与者，企业要为某些供应商的活动负责。因此，作为数据隐私法律合规项目的一部分，企业应该设计标准的供应商接纳程序，包括技术和组织上的尽职调查、问卷、标准合同模板和定期审核。

内部和外部的专家应该对候选供应商进行技术和财务方面的尽职调查。如果供应商是基础扎实、规模庞大的上市公司，那么粗线条审查加上合同落实可能就足够了。但对于不太为人所知的机构，或许就有必要基于合理的风险评估，采取现场访问、技术审核、完成技术问卷、第三方安全审核等措施。企业对供应商进行技术尽职调查时，可以参照自我评估或审核用的标准数据安全问卷。

如果供应商通过了技术和财务方面的尽职调查，接下来应该要求供应商在合同中同意遵守企业的数据安全标准或政策文件。在这种情况下，企业对其企业客户和数据主体承担的一切义务，务必确保供应商对企业同样承担，这样客户的预期和供应商的承诺才能一致。例如，如果企业选用欧盟标准合同条款使欧美之间的数据转移合法，那么必须坚持每个访问这些数据的供应商都同样遵守该条款。同样，如果企业与一家受 HIPAA 监管的公司合作，并出于合规目的接受作为对方业务伙伴的法定义务，如果有供应商协助处理相关数据，那么就必须要求供应商达到同样的标准。此外，我强烈建议企业在合同中加入条款，确保一旦隐私法和合规要求发生变化，供应商有义务配合额外的安全和条件（可以有经济补偿）。

关于国际数据转移协议的更多信息，请参见第二章；关于协议的更多问题,请参见第三章 3.10 节;关于尽职调查的更多内容,请参见第四章;关于数据处理服务,请参见本章“云计算”部分。

采用要点清单的形式,采购经理可以与隐私律师或隐私官一起考虑如下问题:

➢ 与该供应商合作的目的是什么,可否简要描述?是否已对该供应商的数据安全和保护措施进行技术评估?

➢ 该供应商会收集和访问哪些类型的数据?

➢ 与该供应商合作是否会触发通报客户、数据保护机关、数据主体或他人的要求?

➢ 是否已满足客户方、供应商方的跨国数据转移法律要求?

➢ 与该供应商的合同是否已达到相关法律对数据处理和数据转移合同的要求?

➢ 是否已咨询法律部和数据隐私官?

5.23　监听

以监听或类似方式截取实时通信对个人隐私和通信自由构成严重侵犯。5.74
因此,很多法域规定,若非通信各方一致同意,不得截取通话或其他通信。早期的法律禁止截取“实时”模拟信号的通话和邮寄信件。有些评论者质疑电子邮件是否也应受监听法律保护,因为电子邮件在通信过程中被频繁保存,在这个意义上电子邮件更接近语音留言而非“实时”模拟信号通话。但是,很多国家修订法律定义以覆盖各种电子通信形式——包括即时信息、网络聊天、短信和电子邮件。即使法律定义所保护的通信形式并不完全清楚,美国法院也已把监听法适用于电子邮件。

企业出于种种原因会截取通信,诸如质量控制(销售电话录音)、网络保护(拦截垃圾邮件和病毒)、场地保安(视频监控)和员工行为监管(记录键盘敲击、保留屏幕截图、拦截电子邮件和网站等)。企业可以很容易地从员工处获得同意。在很多法域(基本都是欧洲国家),企业必须关注员工同意的有效性;不过在其他法域,问题就会小很多。然而,从第三方获得同意要难得多。对于从外面打来的电话,企业可以播放语音提示,告知对方“通话被录音并用于质量控制”。但是,对向外部打出的电话采用同样做法,很多接听者一开始收到这样的提示就会直接挂断。所以企业需要做出选择:是干脆不监控外拨电话,还是仅从通话中寻找合适的时机获得同意之后才开始录音或监控。

从发来电子邮件、即时信息和短信的外部业务伙伴处获得同意就难上加难了。大多数企业在这方面依赖于自动附加到外发信息的通用提示。这些提示严格来说太迟了,因为在收件人收到截取通知之前,讯息已经被过滤。不过就实际而言,大多数人并不太担心这样的技术过滤,而且这类技术已经被极为广泛使用,某家企业采用同样技术而面对的风险很低。

5.24 生物识别数据——X 光、基因、指纹、面部

5.75 人们可以通过各种生物认证信息——包括指纹、视网膜、嗓音记录、X 光影响和基因序列被识别。同时,开发者已经极大改进了面部识别技术的可靠性。企业对这些认证技术极感兴趣,因为这些技术关注单个自然人的独特生理特征,无法轻易伪造,同时不要求个人或企业额外做什么(如理解、记忆、重设密码,携带、禁用或补办智能卡牌)。执法部门和企业无须数据主体合作就可以利用生物认证方法来调查问题。面部识别技术甚至可以用隐蔽的方式来部署,无须数据主体靠近数据捕捉设备。这就触发了数据隐私问题,在一些法域,企业必须遵守额外的数据安全、通知和同意要求。

5.76 **遗传信息**越来越多被研究机构、医院、企业、执法机关和其他组织用于医学研究、疾病诊断、疾病治疗决策、识别犯罪嫌疑人、亲子鉴定等。每个自然人都有独特的基因组。遗传信息跟指纹和社会保险号一样是个人识别信息,哪

怕不与个人姓名和地址直接关联。因此，联系到某一基因组的生物样本（如人体组织样本）、基因序列或实验结果，包含或构成个人数据。如果某研究机构能通过分析遗传信息来得出某人的健康状况，那这些信息就构成健康相关数据，即欧洲法下的敏感数据。研究机构很难去掉包含全部或部分基因组序列测试结果的识别功能，相反从已聚合的研究结果中重新识别出来却特别容易。处理遗传信息可能会伤害到数据主体，因为他们可能因此被识别和受歧视。例如，某人的遗传倾向显示较有可能患某种疾病，医疗保险公司、雇主和其他人就可能歧视他。一些法域制定了法律来降低歧视风险，如 2008 年美国遗传信息反歧视法。因此，企业应当认真评估他们是否真的需要遗传信息；如果确有必要，企业对遗传信息的收集、保卫、使用和删除应该和其他高度敏感的个人数据一样。企业为收集和使用遗传信息从数据主体处获取同意时，他们需要告知数据主体潜在风险，尤其是被识别和歧视的风险。

5.25　为何保护数据隐私

这并非仅是一个学理问题，无论是总体把握隐私法律，还是评判企业内部 5.77
的数据处理活动，我们常常要回归到这个最根本的问题上。

政府为何保护数据隐私？政府保护数据隐私一般是出于捍卫公民尊严和 5.78
自主权（亦称作独处权）。有了数据隐私保护，公民能够更好地行使个人权利，如言论、宗教和集会自由，并进一步确保民主过程的运作。权力制衡之政府国家的立法机构和法院主要设立数据隐私法律。某些国家的行政机关或数据保护官负责确立数据隐私保护的政策目标或监督其他政府部门。

政府为何有时不保护甚至侵犯数据隐私？政府行政部门发挥很多职能， 5.79
其中最重要的是执法职能。这些职能要求数据处理，而这与数据保护职能相冲突。此外，立法机关和法院也会保护与数据保护相冲突的权益和政策目标，如信息自由和商业发展。某人收集和分享他人信息的权利可能侵犯他人的数据隐私权益。不同法域对这些冲突的政策目标达成的妥协也不同。以美国为例，言论自由、信息自由和商业发展自由更被看重，因此美国决定不制定欧洲式统一数据保护法。况且 2001 年 9 月 11 日发生恐怖袭击之后，国家安全成为美国的重中之重，政府监控项目大举扩张。而在欧洲，很多人还记得集权体制监控个人所带来的伤害，欧洲立法者决定限制对个人数据的自动处理，仅对出版、媒体和非商业活动提供小范围的例外。任何想要理解、解释和适用数据保护法的人都必须考虑各种互相冲突的利益，以及这些利益在特定法律体制下的相对关系。

5.80 **企业为何保护数据隐私**？所有企业都必须依法保护数据隐私，以免被处罚和承担民事责任。除了法律强制之外，企业还常常出于下面这些理由主动保护数据隐私：

➢ 超越市场竞争对手，保护企业名誉，满足客户或员工要求。

➢ 完善合规程序，简化操作，节约成本；为统一区域或全球标准，跨国公司在某一法域实行的隐私政策可能超出法定标准。

➢ 降低员工（或产品、服务用户）违反隐私法规给企业带来连带责任的风险。

➢ 数据主体与执法部门或民事原告之间可能会产生利益冲突，为降低企业夹在中间无所适从的风险，一些企业故意限制其收集个人数据的数量或保留数据的期限，从而免于被要求提供这些他们未收集或未保留的数据。

5.81 **企业为何有时不保护甚至侵犯数据隐私**？跟政府差不多，企业也追求一些与保护数据隐私不一致的目标，包括如下：

➢ 为符合法律要求，企业必须向政府和民事原告提交个人数据（例如，应对诉前证据开示要求和执法部门调查，遵守税法和其他监管机制的日常申报义务等）。

➢ 除法定申报外，一些企业也会出于种种原因主动向法院、政府机关和其他企业提供个人数据，包括对个人采取法律行动、收债、配合政府打击客户间欺诈等。

➢ 企业监控员工、访客、在线服务用户和其他人,以保护数据隐私和安全,免受黑客攻击、信息窃取和其他入侵。

➢ 企业必须收集和使用数据来实现各种商业目标、服务客户、发掘客户偏好、发送定向广告、发工资、监控内部合规情况等。

➢ 企业还收集数据来建立数据库,并将其作为无形资产来发挥商业价值。客户清单和档案是很多企业的关键资产,可以直接转化为股东价值。一家公司在其隐私政策和通知中对数据操作保留的空间越大,数据对公司的价值就越大(如一个数据库能与广告营销商分享,而另一个数据库公司已承诺客户绝不分享或销售,前者更值钱。当然,如果企业不做某些承诺并承担某些限制,那可能一开始就吸引不到多少客户,建立的数据库也更小)。

➢ 为节约成本,企业会尽可能减少数据安全和数据销毁的投入。技术、人力资源和法律研究都颇为昂贵,而数据保留则相对便宜,不采取加密或其他安全措施时存储成本极低。就短期而言,只按最低标准去做,或者出事了再应对,都比事先积极投入要廉价。不同企业对不合规、数据泄露和公关危机风险的价值判断均有所不同。

没有一个标准答案能直接解决所有问题。每一家企业都要根据自身情况,综合评估上面这些以及其他种种因素,来决定加强或减弱数据隐私保护。通常,企业应该经常根据不断变化的数据隐私法规、预期和行业实践,重新审视具体的做法。每家企业都要找到最适合自己的道路,而非依赖于“最佳实践”的条条框框,因为这些“最佳实践”并不能取代个案中的法律和商业分析。

5.26　邮政编码、IP 地址和其他数字串

美国加州最高法院曾认定美国邮政编码(Zip 编码)属于《加州 1971 年 5.82
宋—比弗利信用卡法》下的“个人数据”。根据这部 1971 年的法律,加州商家若非交易必需,不得收集和记录任何信用卡持有人的个人数据。此前,一家上

诉法院认为邮政编码指向多人,因此不属“个人”数据。但是加州最高法院指出,一旦与商家收集的其他信息相结合,邮政编码就可以用来识别个人通信地址。美国马萨诸塞州法院也采取类似观点。美国联邦贸易委员会也解释说,任何与“不变设备识别信息”相关联的数据都属于“个人信息”。欧洲法院(欧盟的最高法院)也确认互联网 IP 地址一旦与可识别的个人相关,就属于个人信息。

邮政编码和 IP 地址很好地展示了“个人数据”这个定义的范围。如果仅仅存储数字串,没有其他情景信息,那么这些数字串不会联系到任何“可识别”的自然人。一旦加入哪怕一点点情景信息,就迅速把单纯数字串转化成某些法律下的“个人信息”。举例来说,数据“94111”或“123456789”本身不会指向任何可识别自然人;但是,如果注明“94111”是曾在某店购物的某人的住址邮编,那么这条被“充实”过的数据就指向了具体自然人。同样,如果注明“123456789”是电话号码、信用卡密码或其他分配给某个人的识别信息,那么它就构成“个人信息”。另外,如果“123456789”是某个公共电话亭的号码,就需要额外信息如某人某时用该号码打过电话才能使这个号码变成“个人信息”。IP 地址可能静态分配给某个路由器或其他设备(该设备可能属于个人、网吧或者其他企业),也可能由网络服务提供商(internet service provider, ISP)动态分配。如果企业存储网站访问者的 IP 地址,很可能收集了相当数量的个人数据,因为不少 IP 地址是可以被关联到具体某个人的(或者直接就能确定,或者需要与 ISP 或者电信服务商合作后确定)。

首先,除非能明确排除某些特定数据不指向可识别的个人,否则企业应该假定手中掌握的全是“个人数据”。其次,企业应该再分析需要处理的这些特定数据是否受任何限制(很多隐私法仅适用于特定类型的个人数据,如个人健康信息、信用卡持有人信息等)。由于欧洲式数据保护法措辞宽泛,企业经常会发现某种数据处理行为并不涉及个人数据,但依然受到限制。最后,以需要处理的数据对数据主体来说无关紧要(如公共电话簿信息、工作联络数据等)为前提,分析是否能克服这些限制。

要点清单

参照数据隐私合规项目要点清单(以下简称要点清单),我们可以很方便地制定会议议程,创建项目任务列表,快速检查企业的合规状况。尽管要点清单无法包罗万象,但是有助于鉴别数据隐私和安全合规工作的主要不足之处,推动关于合规的讨论。

1. 谁负责数据隐私安全合规?

→确认企业是否应该任命首席隐私官和各地数据隐私事项联络人,各地法律是否强制要求企业任命数据保护人员,或者根据欧盟《通用数据保护条例》授权本地代表。

→确认是否所有内部利害相关部门特别是如下部门都已接受相应职责指导和培训:

信息技术部(关于数据安全、存储和访问限制);

场地安保部(尤其是关于监控摄像头、警示标志和场所访问控制);

人力资源部(关于员工档案、人力资源信息系统、员工监控、举报热线);

销售部和市场部的人员(关于直接营销和网络营销)。

2. 是否确保数据安全?

→确认是否制定了安全政策,在物理、技术和组织方面建立了充分的数据安全措施,如对数据库访问进行控制和对设备进行加密。

→确认是否全体员工都熟知该政策并在实际工作中遵照执行。

→确认数据处理服务商是否经过谨慎挑选并已签订合同,企业是否对其行为进行监督以确保数据安全。

→确认一旦发生数据安全事件,企业是否能够依据法律规定或按照合同约定向数据主体发布通知,并做好赔偿准备。

→确认企业是否建立了关于数据留存和删除的管理流程,以便在不再需要数据或法律规定不得再存储数据的情况下,能够安全销毁数据。

3. 是否与关联企业、服务商和其他商业伙伴签订合适的数据处理协议?

→根据欧盟《通用数据保护条例》,数据控制者需要与数据处理者和数据处理分包商订立数据处理协议。欧洲企业可以通过与境外商业伙伴签订欧盟标准合同条款来规避跨境数据传输的限制。在美国,企业如果涉及受《健康保险便携与责任法》规制的医疗健康产业,则需要与服务商签订商业合作协议。在加州从事商业活动的企业,应当采取合同上的限制,禁止出售个人信息给任何商业伙伴,以避免构成《加州消费者隐私法》所规定的过度披露和阻碍用户“选择退出”的权利。

4. 所有数据主体是否都收到合适的通知并给出必要同意? 所有通知和同意文本是否都准确并已更新?

→大多数企业需要为员工、企业商业伙伴的代表、网站和办公场所的访客制定隐私通知;许多企业还需要有关消费者监控摄像头的通知,并就其如下行为获得数据主体的同意:网站置入 cookie、在线追踪、员工监控和客户呼叫中心监控和直接营销。

→企业在履行通知和获得同意义务时,不仅要考虑法律规定,还要考虑合同约定和其在已有通知、隐私政策中所做的承诺。

5. 是否安排措施和资源以应对数据访问和数据删除的请求?

→根据欧盟《通用数据保护条例》、《加州消费者隐私法》和其他相关法律,数据控制者必须提供它们享有的有关个人数据的信息、以可转换方式呈现的数据副本、按要求履行的数据纠正和数据删除。它们还需要获取数据处理者的帮助,并应该据此更新它们所签订的合同。

6. 是否记录了企业的数据保护法合规措施？

→为了展示企业的合规和负责、回应数据保护机关、为用户诉求做辩护，对于企业为合规而安排的数据处理活动、设备、人员、程序和合规措施，是否准备了足够详细的记录？

→在采用新技术或设计新产品、新服务前，是否设立相关流程进行隐私影响评估？

→在研发新产品、新流程期间，是否考虑了客户和终端用户在数据隐私和安全合规方面的需求？

→在研发产品的早期阶段，是否已征求数据隐私官和法务部的意见？

→是否已向客户、潜在客户和终端用户提供指引（如用户手册、白皮书、问答等），指导其以符合数据隐私和安全法的方式使用企业产品或者避免违法违规行为？

→在标准合同中向客户承诺的数据隐私和安全保证条款是否满足了所有法规规定以及客户的合理预期？

7. 是否已向所有的数据保护机关或其他政府机构提交必要申报且获得了相应的必要批准？与上一次提交申报或获得批准相比，目前的相关情况是否发生变化？

→逐一考察企业涉足的每一个法域（在某法域设有办事处、存在员工或其他实体形式）：企业是否必须就数据库或数据处理行为向当地政府提交报告或者任命数据保护官？是否必须获得政府的批准或许可？

8. 企业是否跨国接收或发送个人数据？

→确认企业及合作伙伴是否已依据跨境数据传输限制的规定，签订合格的数据传输协议或集团企业规则，获得数据主体同意或者满足其他合规机制。

→根据数据本地化法规，企业或者客户是否被要求数据本地存储？

9. 企业是否已开通举报热线或已部署监控技术？

→如已开通举报热线、安装监控摄像头或者其他监控设备，通常必须将该情况通知受到影响的数据主体,并且在有些法域,还需报告政府机关,并就相关事宜咨询工人委员会,同时必须按照当地隐私法来调整企业的举报和监控措施。

10. 企业的营销活动和数据货币化措施是否遵守了相关法律?

→是否按法律规定取得了数据主体的事先同意? 例如,欧洲数据保护法要求,企业的营销电邮和用户行为追踪必须获得数据主体的事先同意,而在美国的手机短信息也是如此。

→是否向用户提供退订选项并遵从其选择?

→是否存在将个人数据分享给其他数据控制者供其营销使用的情况,是否允许他人直接从客户或网站访问者处采集数据(如通过网站上的第三方cookies)? 如是,则可能需要获得数据主体同意并就具体情况做出各种说明。

→是否从第三方(如电邮列表供应商、背景调查公司、数据服务商)处购买了个人数据? 如是,则是否通过合同条款充分保证为相关目的购买和使用该信息的合法性? 是否已对数据源的合法性进行合理的尽职调查并保留调查过程的记录?

→是否出售个人数据? 如是,则根据《加州消费者隐私法》和类似法律,可能需要获得未成年人或者他们父母的同意,并无差别地提供详细的披露和"选择退出"权利。

相关资料

每个人都有自己的研究方法和偏好。下面提供的相关资料仅是我个人认为能够有效补充本书的资料建议,但远非完整,也不构成对任何资料(不论下面是否列入)的评论、排名或评价。

万维网。政府机关、律师事务所、维基百科、媒体企业和个人都会在万维网上发布新闻和快讯。作为进入某个特定话题的起点,我通常会在通用互联网搜索引擎上搜索关键词或短语。

欧洲经济区数据保护机关的意见。欧洲经济区各国数据保护机关代表组成的机构就数据保护发布了相当全面的指导性意见。这些免费的英文文件目前可在如下欧盟网站上查询(具体链接经常变更,请注意):

http://ec. europa. eu/justice/data-protection/article – 29/documentation/opinion-recommendation/index_en. htm。

虽然该机构的文件不具备法律约束力,也未必总能代表全体成员国数据保护机关的观点;不过,各国数据保护机关在做出具有法律效力的裁决时偶尔会引述该机构的文件。对于该机构发布的文件,企业不必盲目遵从或全盘接受,但也不能完全无视。

美国联邦贸易委员会的指南和案例。美国联邦贸易委员会在其网站(www. ftc. org)上免费提供英文资料。该网站的搜索功能不强,但我们可以在通用搜索引擎中输入关键词加上"ftc. org"来搜索网站内容。位于美国的企业往往会密切关注美国联邦贸易委员会的裁决,并认可该委员会是消费者权利的高效执法者。联邦贸易委员会还负责执行欧盟—美国隐私盾原则、《儿童在线隐私保护法》和《反垃圾邮件法》(CAN SPAM Act)。全美州立法机关联系会议(National Conference of State Legislatures)在其网站(ncsl. org)发布美国各州数据安全事件报告的法律概述。美国政府通过 http://www.hhs. gov/ocr/privacy 发布关于 HIPAA 的指引和资料。

我所任职的贝克麦坚时国际律师事务所每年也会发布《全球隐私手册》。一些其他的律师事务所也会通过其网站和邮件发布大量有价值的资料。

此外,还有很多付费资源。例如,国际隐私专家协会(International Association of Privacy Professionals)提供相关会议、培训、认证项目和名为“隐私顾问”(Privacy Advisor)的每月新闻通讯。很多学者和从业人员出版的书籍也是很有价值的参照。如 Daniel J. Solove 和 Paul M. Schwartz 合著的《隐私法基础》关于美国联邦和加州隐私法的实务指引和详细评述,可参考本书作者的另一本书《加州隐私法》(2018 年第 3 版)。

在 www. ssrn. com 网站您可以找到相关研究论文和法律评论文章的草稿,包括本书作者撰写的几篇文章:《健康数据保护》(https://ssrn. com/abstract = 3357990);《2018 年印度个人数据保护法:法案草案及其历史,与欧盟〈通用数据保护条例〉和〈加州消费者隐私法〉比较》(https://ssrn. com/abstract = 3244203);《没有人拥有数据》(https://ssrn. com/abstract = 3123957);《社交媒体隐私:一些神话与事实》(https://ssrn. com/abstract = 2298891);《侵入式监控:员工隐私期望在欧洲是合理的,在美国则不然》(https://ssrn. com/abstract = 2298902)。

图书在版编目(CIP)数据

数据隐私法实务指南 ：以跨国公司合规为视角 ：第五版 / (美) 狄乐达著 ; 何广越, 沈伟伟译. -- 北京 ：法律出版社, 2023

书名原文：Determann's Field Guide to Data Privacy Law：International Corporate Compliance (Elgar Compliance Guides)

ISBN 978 - 7 - 5197 - 6312 - 1

Ⅰ. ①数… Ⅱ. ①狄… ②何… ③沈… Ⅲ. ①互联网络－个人信息－隐私权－法律保护－指南 Ⅳ. ①D913 - 62

中国版本图书馆 CIP 数据核字(2022)第 030373 号

数据隐私法实务指南：以跨国公司合规为视角(第五版)
SHUJU YINSIFA SHIWU ZHINAN：YI KUAGUO-GONGSI HEGUI WEI SHIJIAO(DI-WU BAN)

[美]狄乐达 著
何广越 沈伟伟 译

策划编辑 赵明霞
责任编辑 赵明霞
装帧设计 鲍龙卉

出版发行 法律出版社
编辑统筹 法商出版分社
责任校对 王 丰
责任印制 胡晓雅
经 销 新华书店

开本 710 毫米×1000 毫米 1/16
印张 12.75 字数 178 千
版本 2023 年 6 月第 1 版
印次 2023 年 6 月第 1 次印刷
印刷 天津嘉恒印务有限公司

地址：北京市丰台区莲花池西里 7 号(100073)
网址：www.lawpress.com.cn
投稿邮箱：info@lawpress.com.cn
举报盗版邮箱：jbwq@lawpress.com.cn

销售电话：010 - 83938349
客服电话：010 - 83938350
咨询电话：010 - 63939796

书号：ISBN 978 - 7 - 5197 - 6312 - 1 定价：78.00 元

凡购买本社图书，如有印装错误，我社负责退换。电话：010 - 83938349